이중톈 중국사
\04\

청춘지

易中天中華史 : 靑春誌

청춘지
青春誌

易 中 天 中 國 史

이중톈 중국사 \04\

이중톈 지음 | **김택규** 옮김

글항아리

일러두기

— 이번 권에서 언급된 역사적 사실은 『좌전』『국어』『전국책戰國策』『사기』를 참고했다.

— 본문에서 괄호 속 설명은 지명 표기 등을 제외하면 옮긴이가 붙인 것이다.

하늘은 높디높은 곳에서 침묵을 지키고 있지만
털끝 하나도 빠짐없이 모든 것을 통찰한다.
"천명을 받아 중국에 거한다"고 자처했던
주나라인은 제도의 혁신과 문화의 재건으로
중국 문명의 기초를 다졌다.

中 / 國 / 史 /

예양은 검을 뽑아 들고 뛰어올라 조양자의 옷을 베었다.
검을 휘두르면서 그는 울고 있었다.
하늘이시여, 마침내 지백의 은혜를 갚았나이다!

제1장

자객

복수는 나의 운명

누가 죽어야 하나

검을 뽑아라

암살인가, 쇼인가

자객의 정

놀라운 여인들

복수는
나의 운명

조양자趙襄子는 다시 예양像讓을 힐끔 보고는 길게 탄식하며 말했다.

"좋다. 검을 뽑아라."[1]

예양은 즉시 검을 뽑았다.

이것은 그의 두 번째 암살 시도였다.

이 날을 위해 그는 얼마나 많은 고초를 겪었는지 모른다.

예양이 죽이려는 이 사람은 이름이 조무휼趙毋恤이었으며 진晉나라 최고의 권력자 중 한 명으로서 '양자'는 죽은 뒤에 내려진 호칭이다. 주나라 시대, 천자와 제후와 대부는 죽은 뒤에 모두 일정한 평가를 거쳐 호칭을 얻었으니 그것을 '시호諡號'라고 한다. 천자는 주 성왕成王, 주 강왕康王처럼 무슨 왕이라고 했고 제후는 진 영공晉靈公, 진 출공晉出公처럼 무슨 공이라고 불렀다. 대부는 조간자趙簡子, 조양자처럼 무슨 자라고 했다.

012

---

1 예양과 조양자의 이야기는 「전국책」 「조책일趙策一」과 「사기」 「자객열전」 참고.

예양이 조양자를 암살하려 한 때는 춘추 시대는 이미 끝났고 전국 시대는 아직 시작되지 않은 시점이었다. 토지, 백성, 각종 자산을 비롯한 대권은 진즉에 진나라 국군國君(제후)의 손을 떠나 6개 씨실氏室의 수중에 들어가 있었다. 씨실은 바로 대부의 가문이었다. 천자의 가문은 왕실, 제후의 가문은 공실公室, 대부의 가문은 씨실이었다. 진나라의 대권을 손에 쥔 씨실은 조趙, 범范, 중항中行, 지知, 위魏, 한韓 이 여섯 가문이었다.

진나라의 국군을 진후晉侯라고 부른 것과 마찬가지로 지씨의 가군家君은 지백智伯이었다.[2]

예양은 지백의 부하였다.

기원전 453년, 지백이 죽었다. 여섯 가문의 세력 다툼의 와중에 목숨을 잃은 것이다. 처음에 지백은 조씨, 위씨, 한씨 세 가문과 손을 잡고 범씨와 중항씨를 멸했다. 그 다음에는 조양자, 한강자韓康子, 위환자魏桓子가 손을 잡고 지백을 멸했다. 조양자는 원한을 해소하기 위해 지백의 두개골에 색칠을 하여 술 마시는 도구로 삼기까지 했다.

누군가는 요강으로 삼았다고도 했다.[3]

지나친 처사는 후환을 남기게 마련이다. 이 일은 예양에게는 엄청난 치욕이었다.

예양은 복수를 하기로 결심했다.

복수의 길은 가시밭길이어서 멀고도 험난했다.

---

2 지씨의 '지知'는 '지智'로도 읽혔다. 그래서 '지백知伯'은 '지백智伯'으로 쓰여지기도 했다. 『사기』의 「조씨세가趙氏世家」에서는 '知伯', 「자객열전」에서는 '智伯'으로 쓰여 있다. 지백은 이름이 요瑤였고 시호는 '지양자智襄子'다.
3 『한비자』와 『여씨춘추呂氏春秋』에서 이 설을 주장한다.

사실 지씨의 군대가 패하고 나서 예양은 본래 산속으로 도망쳐 숨어 있었다. 그러나 곧 지백을 위해 이름을 바꾸고 진양晉陽(지금의 산시山西 성 타이위안太原)에 잠입한 뒤, 노역형을 받은 범죄자로 변장해 궁 안에서 변소에 석회를 칠했다. 이때 석회를 바르는 흙손 속에 그는 비수를 감추고 있었다. 조양자가 나타나기만 하면 단칼에 저 세상으로 보낼 계획이었다.

그러나 안타깝게도 하늘은 조양자의 죽음을 원치 않았다. 막 볼일을 보러 걸어오던 조양자는 문득 이상한 느낌이 들어 매 같은 눈초리로 예양을 노려보았다.

예양은 꼼짝 못하고 붙들리고 말았다.

그는 전혀 거리낌 없이 자기가 지백의 복수를 하려고 한다고 자백했다.

호위무사들이 포위한 채 검을 뽑아 들었을 때, 갑자기 조양자가 손을 흔들어 제지했다.

"이 자는 의로운 인물이다. 죽은 지백에게는 후손도 없는데 가신이 이렇게 복수를 하러 나서다니 보기 드문 일이로다!"

그러나 예양은 달가워하지 않았다.

이제 본래 얼굴로 활개 치며 다니는 것은 당연히 힘들었다. 용모를 바꿔야 했다. 그래서 예양은 눈썹과 수염을 뽑고 몸에 반점을 가득 그려 넣은 뒤, 시험 삼아 거지를 흉내 내어 구걸을 나섰다. 자기 집에 도착하자 아내조차 그를 몰라보고 이렇게 말했다.

"신기하기도 해라. 이 사람 목소리가 내 남편을 닮았네."

예양은 즉시 뜨거운 숯을 삼켜 스스로 벙어리가 되었다.

이처럼 갖은 고생 끝에 마침내 전혀 다른 사람이 되었다.

그제야 예양은 조양자가 늘 다니는 길에 몸을 숨기고 습격할 준비를 취했다. 드디어 조양자의 수레가 정해진 길을 따라 다리를 건너왔다. 그런데 천만 뜻밖에 말이 놀라서 요동을 쳤다.

뭔가를 알아챈 조양자가 벌떡 일어났다.

"예양이 분명하다. 달아나지 못하게 하라!"

예양은 다시 붙잡혔다. 이치대로라면 이번에는 다시 풀려날 가망이 없었다.

조양자는 어떻게 했을까?

예양은 또 어떻게 했을까?

누가
죽어야 하나

예양은 마지막에 자살을 택했다.

그가 자살하기 전, 조양자는 그의 소원 한 가지를 들어주었다. 이 이야기는 잠시 후에 하게 될 것이다.

사실 예양은 자살한 첫 번째 자객이 아니었고 조씨 가문이 암살을 당할 뻔한 것도 처음이 아니었다. 조양자는 조씨 가문의 시조[4]도, 자객을 만난 첫 번째 인물도 아니었다. 처음 자객을 만난 인물은 조양자보다 5대 위인 조순趙盾이었다.

그 자객의 이름은 서예鉏麑였다.[5]

서예는 진 영공이 보낸 자객이었다.

영공은 진나라의 군주[6]였고 조순은 진나라의 정경正卿[7]이었다. 둘의 관계는 대통령과 총리에 해당했다. 대통령이 총리를 암살하려 했으니 당연히 보통 일이 아니었다. 그가 택한 자객도 보통 사람이 아니었을

---

4 조씨 가문의 시조는 조숙趙夙이었고 그 다음에는 차례대로 공맹共孟, 조쇠趙衰(조성자趙成子), 조순(조선자), 조삭趙朔(조장자趙莊子), 조무(조문자趙文子), 경숙景叔, 조앙趙鞅(조간자), 조무휼(조양자)이다. 조양자가 죽은 뒤, 그의 동생은 조양자가 정한 후계자를 내쫓고 스스로 가군이 되었다. 이 사람이 바로 조환자. 조환자는 즉위 1년 만에 사망했다. 이때 사람들은 조환자의 즉위가 조양자의 유촉과 맞지 않았다는 이유로 조환자의 아들을 죽이고 조양자가 본래 지정했던 조완趙浣을 가군으로 삼았다. 이 사건은 『이중톈 중국사』 제2권 제3장에서 언급된 바 있다.

것이다.

그러나 서예는 임무를 수행하지 못했다.

지금으로서는 영공이 어떻게 서예를 물색했는지, 그리고 서예는 또 어떤 인물이었는지 알아낼 길이 없다. 영공의 심복이었을까? 아니면 궁궐의 호위무사였을까? 그것도 아니면 전문적인 자객이었을까? 알수 없다. 서예가 암살을 위해 어떤 준비를 했는지도 알 수 없다. 어쨌든 이 사람은 임무를 받아들이고 조순의 저택에 잠입했다.

서예가 조씨 저택에 도착했을 때는 마침 동틀 녘이었고 저택의 세대문이 다 활짝 열려 있었다. 조정에 나가기에는 아직 이른 시각이었으므로 조순은 의관을 차려 입고 방 안에 단정히 앉아 마음을 추스르고 있었다. 자객이 왔는지는 당연히 몰랐으며 옆에는 아무도 없었다.

서예는 숙연한 기분이 들었다.

당시 서예는 깊은 감동을 느끼고 내심 탄식을 했다고 한다.

'홀로 있을 때도 정중함을 잃지 않다니 실로 백성들을 책임질 만한 인물이로구나!'

이런 사람을 살해할 수 있었을까?

그럴 수 없었다.

실제로 죽어 마땅한 인물은 조순이 아니라 진 영공이었다. 역사적으로 유명한 폭군인 그는 산해진미를 먹거나 백성의 고혈을 쥐어짜

017

---

5 서예가 조순을 암살하려던 사건은 『좌전』 『국어』 『공양전』 『여씨춘추』 그리고 『사기』의 「진세가晉世家」와 「조세가趙世家」에 다 기록이 있다. 이 책에서는 그 기록들을 정리, 묘사했다.

6 진晉나라는 가장 일찍 세워진 제후국 중 하나로서 시조는 주 무왕의 동생, 당숙우唐叔虞다. 진나라의 군주는 줄곧 서주의 직계直系였으므로 '후侯'라 칭했고 마지막은 '애후哀侯'였다. 애후 이후, 직계가 끊어지고 곡옥曲沃 지역의 방계傍系가 이를 대신했으며 시조는 '무공武公'이다. 이후 진나라의 군주는 모두 '공'이라 칭했다. 차례대로 열거하면 무공, 헌공, 혜공, 회공, 문공, 양공, 영공이다.

궁궐을 꾸미는 데에만 열중했다. 그리고 높은 누대에서 활로 탄알을 쏘아 사람을 맞히고 행인들이 그 탄알을 피해 허겁지겁 숨는 모습을 보는 것으로 즐거움을 삼았다. 기원전 607년, 즉 노나라 선공宣公 2년의 어느 날, 그는 곰발바닥이 설익었다는 이유로 요리사를 죽여서 키에 그 시체를 담아 밖에 버리게 했다가 조순의 눈에 띄었다. '일국의 총리'로서 조순은 당연히 그냥 넘어갈 수가 없었다. 그런데 이에 대한 영공의 반응은 뜻밖에도 자객을 보내 조순을 죽이는 것이었다.

그때 서예의 처지는 셰익스피어가 묘사한 햄릿과 어느 정도 비슷했다.

아버지의 원혼을 본 이후로 덴마크의 왕자 햄릿은 곤경에 빠져들었다. 아버지가 피살되었으며 그 범인은 자신의 숙부인 것을 알았기 때문이다. 숙부는 왕위가 탐이 났고 또 햄릿의 어머니의 미모에 반해 그런 짓을 저질렀다. 햄릿이 더 참을 수 없었던 것은, 악인은 승승장구하며 잘 살고 있는데 아버지는 지옥에서 갖은 고통을 당하고 있다는 사실이었다.

햄릿은 진퇴양난의 상황에 처했다.

아들로서는 마땅히 복수의 검을 들어야 했다. 그러나 신하로서 군주를 죽이는 것은 불가했다. 어머니를 죽이는 것은 더더욱 그러했다. 그들을 죽이는 것은 악으로 악을 응징하는 것을 뜻했다. 하지만 그렇다고 악을 가만히 내버려둘 수도 없었다. 햄릿은 자살조차 할 수 없었

그런데 '영靈'은 좋지 않은 시호다. 예를 들어 정나라 영공은 자라를 끓여 신하들과 나눠 먹으려다 사소한 시비 끝에 살해당했고(『좌전』 선공 4년) 진陳나라 영공은 신하들과 함께 한 여자를 사랑하다가 그 여자의 자식에게 역시 살해당했다.(『좌전』 선공 10년)

7　경卿은 천자나 제후의 고위급 보좌역이었으며 상·중·하, 3등급으로 나뉘었다. 위치가 상경이면서 정무를 주도하는 인물은 '정경'혹은 '총경冢卿'이라고 불렸다.

다. 그것은 책임의 방기이기 때문이었다. 아무래도 그는 구차하게 삶을 이어갈 수밖에 없을 듯했다. 하지만 그런 삶이 무슨 의미가 있겠는가?

그래서 숙부인 왕을 죽이는 문제가 자신을 죽이는 문제로 변했다. 그는 스스로 이렇게 묻지 않을 수 없었다.

"나는 왜 살아야 하는가? 살아야 하는가, 죽어야 하는가? 삶과 죽음의 의미는 무엇인가?"

여기에서 그 유명한 햄릿의 대사가 탄생했다. "죽느냐 사느냐, 그것이 문제로다."

서예도 마찬가지로 진퇴양난에 처했다. 명령에 따라야 했지만 충신을 죽일 수는 없었다. 나라의 동량을 죽이는 것은 불의였다. 그러나 군주의 명을 어기는 것은 불충이었다. 서예는 어떻게 해야 했을까?

그는 스스로 죽는 길을 택했다.

화나무에 머리를 부딪쳐 죽은 그는, 역사상 최초의 '자살한 자객'이 되었다.

검을
뽑아라

나시 예양에게로 돌아가보자.

조양자가 수레에서 일어나 고함을 치자마자 예양은 다시 적의 수중에 떨어졌다. 조양자는 수레에서 내려 예양에게 다가갔다. 그리고 사람도 아니고 귀신도 아니게 돼버린 예양의 얼굴을 확인했다.

본래 예양은 복수를 위해 그렇게 힘든 방법을 택할 필요는 없었다.

실제로 예양이 고통스럽게 용모를 고칠 때, 한 친구가 눈물을 흘리며 그를 말렸다.

"이럴 필요가 뭐 있나! 자네 재주라면 투항해서 어렵지 않게 조씨에게 중용될 걸세. 그렇게 친해졌을 때 일을 도모하는 게 더 편하지 않겠나. 무엇 때문에 이렇게 자신을 괴롭히는가? 자네가 이러는 건 기개는 있어보일지언정 너무 미련한 방법일세!"

예양은 웃으며 답했다.

"자네가 말하는 방법은 확실히 가능성이 더 크긴 하지만 도덕적으로 문제가 좀 있다네. 만약 조씨가 정말 나를 가까이하고 신뢰한다면 내가 그를 죽이는 것은 옛 지기知己를 위해 새로운 지기에게 복수하고, 예전 주공을 위해 지금 주공을 죽이는 꼴이 되지 않겠나. 지금 내 방법은 성공하기 어려운 게 사실이네. 그러나 아무리 어려워도 만천하에 대의를 밝히는 것, 이것이야말로 나의 목적일세! 내가 어떻게 남의 밑에서 일하면서 그 사람의 머리를 취할 생각을 하겠는가!"

이런 뒷이야기를 조양자가 반드시 알고 있었을 것 같지는 않다.

이 순간, 조양자는 예양 앞에 우뚝 서서 입을 열었다.

당시의 조양자는 권세가 더욱 커져서 스스로를 '과인'이라 칭했다.

"예양, 네가 왜 복수를 하려는지 과인이 모르는 바는 아니다. 하지만 정말 이해가 안 가는 것이 있는데, 너는 과거에 범씨와 중항씨를 섬긴 적도 있지 않느냐? 지백이 범씨와 중항씨를 멸했을 때, 너는 그들을 위해 복수를 하기는커녕 도리어 스스로 지백을 찾아가 주군으로 섬겼다. 똑같은 주군이건만 너는 왜 지백에게만 충성하고 범씨와 중항씨에게는 충성하지 않았느냐? 똑같은 원수이건만 너는 왜 과인만 미워하고 지백은 미워하지 않고서 죽을 둥 살 둥 그를 위해 복수를 하려고 하느냐?"

예양은 당당히 대답했다.

021 "선비는 자기를 알아주는 사람을 위해 목숨을 바치고 여자는 자기

를 기쁘게 해주는 사람을 위해 화장을 하오. 범씨와 중항씨를 위해 일할 때 그들은 나를 보통 사람으로 취급했으니 나도 당연히 보통 사람처럼 보답했을 뿐이오. 그러나 지백은 나를 하늘 아래 가장 뛰어난 인물로 여겨주었소. 이에 나는 가장 뛰어난 인물처럼 그에게 보답하려는 것이오."

이 말을 듣고 조양자는 눈물을 흘리며 길게 탄식했다.

"알겠네, 알겠어, 예양 선생. 자네는 지백에게 충성을 다했고 명성도 이미 이루었네. 그리고 과인은 벌써 충분히 아량을 베푼 셈이니 이번에는 놓아주지 않겠네."

말을 마치고서 그는 호위무사들에게 예양을 에워싸라고 명했다.

틀림없이 조양자는 이 존경할 만한 자객이 품위 있게 죽을 수 있도록 배려할 작정이었을 것이다. 아무래도 싸우다 죽는 것이 가장 영광스러운 죽음이 될 듯했다. 그것은 조양자가 표시할 수 있는 최고의 존경과 존중이었다.

그런데 예양은 싸움에 응하지 않았다.

자기가 곧 죽을 것을 알면서도 그는 안색 하나 바뀌지 않고 한 걸음 앞으로 나서며 말했다.

"지혜로운 군주는 다른 사람의 뛰어남을 가리지 않고 충신은 절개를 위해 목숨까지 버리는 의리가 있다고 들었소. 오늘 나는 마땅히 엎드려 죽음을 기다려야 하지만 부디 내 청을 하나 들어주시오. 당신의 옷자락을 베어 내 소망을 이룬 셈 치게 도와주시오."

뜻밖의 부탁이었지만 조양자는 이해할 수 있었다.

"알겠네. 그러면 검을 뽑게!"

예양은 검을 뽑아 들고 뛰어올라 조양자의 옷을 베었다. 검을 휘두르면서 그는 울고 있었다. 하늘이시여, 마침내 지백의 은혜를 갚았나이다!

세 번 검을 휘두른 뒤, 예양은 태연히 자신의 목을 베었다.

이 일을 전해들은 천하의 인의지사들은 슬프게 울었다. 그들은 하나같이 군자는 예양처럼 고귀하게 죽어야 한다고 생각했기 때문이다. 물론 예양이 마지막으로 남긴 말에도 모두 동감했다.

선비는 자기를 알아주는 사람을 위해 목숨을 바치고 여자는 자기를 기쁘게 해주는 사람을 위해 화장을 한다.

암살인가,
쇼인가

형가荊軻노 자기를 알아주는 사람을 위해 목숨을 바친 선비에 속한
다.[8]

　형가는 '스타 자객'이다.

　『사기史記』에서부터 형가의 머리 위에는 줄곧 도덕의 후광이 어려 있
었으며 끝없는 동정과 그리움이 그를 향해 쏟아졌다. 그가 살해하려
던 사람이 진왕秦王 영정嬴政 즉 훗날의 진시황이었던 데다 그 시도가
실패했기 때문이다. 사람들은 영정을 미워하는 만큼 형가를 존경했
고 약자를 동정하는 만큼 형가를 칭송했다. 그러나 이것은 신뢰할 수
없다. 도덕적 판단은 진상을 은폐하기 쉬우며 연구는 오로지 객관적
이어야 할 뿐 감정이 개입되면 안 된다.

　그러면 이제 사실 위주의 판단을 해보기로 하자.

　사마천의 서술에서 우리는 형가가 위衛나라 사람이었음을 알 수 있

8 형가의 사적은 『사기』 「자객열전」 참고.

다. 그가 유랑 끝에 연燕나라에 도착해 정착한 것은 연나라의 개고기와 술을 사랑했고 개백정이자 음악가인 고점리高漸離와 친했기 때문이다. 여기에 무슨 애국주의적인 요소는 전혀 없다. 다시 말해 연나라의 존망은 사실 그와는 전혀 무관했다. 바로 이것이 그가 연나라 태자 단丹을 만나 진왕 영정을 죽여 달라는 부탁을 듣고서 한참 동안침묵을 지킨 진짜 이유다.

사실 형가는 결코 적극적인 입장이 아니었고 태자 단에게 자객으로 초빙되었을 뿐이다. 태자가 그를 좋은 여관으로 데려가서 "수레와 말과 아름다운 여인을 원하는 대로 마음껏 취하게 해주었다車騎美女恣荊軻所慾"는 한 마디가 비밀을 드러낸다.

글자와 글자 사이, 행과 행 사이의 숨은 실마리를 간과하면 안된다.

당시에 형가는 마치 '가미카제특공대원' 같은 취급을 받았다.

물론 달리 보면 뛰어난 인재 대접을 받았다고도 할 수 있다.

실제로 그에게는 놀랄 만한 규모의 투자가 이뤄졌다. 태자는 황금 100 근을 들여 서徐 부인의 비수를 사다주었으며 진나라에서 도망쳐온 장군 번오기樊於期는 자기 목을 바쳤다. 여기에 진왕에게 줄 예물 1000금과 기름진 영토인 독항督亢의 지도, 그리고 전광田光의 지략과 고점리의 거문고 연주까지 동원되었다. 이런 과정은 매우 극적인 성격을 띠고 있어서 상당히 다채롭고 사람들의 눈길을 잡아끈다.

이것은 어떻게 보아도 연극과 비슷하다.

형가에게 암살을 의뢰하러 찾아간 태자 단의 간곡한 호소, 흰옷을 입고 눈물로 형가를 전송한 사람들과 형가의 비장한 노래, 그리고 열세 살에 사람을 죽였으면서도 진왕을 보자마자 바지에 오줌을 지린 조수 진무양秦舞陽까지 어느 것 하나 무대미술과 반주와 소품으로서 빠뜨릴 만한 것이 없다.

진왕 암살이 얼마나 비밀스러운 일인데 이렇게 요란을 떨었겠는가? 진나라 밀정이 두렵지도 않았단 말인가? 실제로 이런 비밀 작전은 규모가 클수록 극적인 효과는 높아지지만 진실성은 떨어지게 마련이다. 결국 화려하기 그지없는 형가의 진왕 암살 기도는 연나라 태자 단이 극본과 연출을 맡은 한 편의 대형 연극이고 형가가 노래한 "바람은 소슬하고 역수는 차가운데, 장사가 한번 떠나면 다시 돌아오지 못하리風蕭蕭兮易水寒, 壯士一去兮不復還"는 그 주제다.

이런 맥락 속에서 형가는 이미 자객이 아니라 배우다.

하지만 안타깝게도 전장戰場은 극장이 아니었다. 형가는 두루마리 지도에 숨겨두었던 비수가 드러나자 실제로 진왕을 찔러야 했다. 그러나 당시의 무림 고수 노구천魯勾踐(형가가 유랑 시절에 한단邯鄲에서 만나 장기를 둔 인물. 형가는 중요한 수를 놓고 그와 다투다가 질책을 듣고 훌쩍 달아나버렸다)의 말처럼 형가는 검술이 뛰어나지 않았으며 열심히 익히지도 않았다. 결과는 어땠을까? 진왕을 눈앞에 두고도 그는 실패했다. 붙잡았 **026**

지만 놓쳤고 찔렀지만 적중하지 않았으며 쫓아갔지만 붙들지 못했다. 온몸에 상처만 입고 기둥에 기댄 채 마지막 '대사'를 읊조려야 했다.

"내가 너를 못 죽인 것은 너를 인질로 잡아 태자와 조약을 체결하게 하려고 했기 때문이다!"

형가의 말은 거짓이 아니었다. 태자 단의 계책은 본래 진왕을 인질로 삼는 것이 첫 번째였고 죽이는 것은 차선책에 불과했다. 태자 단의 무리한 계산이자 과욕이었다.

과연 그것이 가능한 일이었을까?

형가는 별로 자신이 없었다. 아마도 그래서 그는 처음에 선뜻 일을 안 맡고 뜸을 들였을 것이다.

그러나 위대한 예술가는 항상 마음속 깊은 곳에서 비극을 갈망한다. 더구나 정말로 거사를 실행할 마음이 있는지 태자에게 의심까지 받는 판국이었으니 더 말할 나위가 없었을 것이다. 형가는 돌아보지 않고 자신의 전장 또는 극장으로 향했다. 다시 돌아오지 못할 것을 알면서도, 또한 그것이 리얼리티쇼에 불과하다는 것을 알면서도.

그렇다. 그것은 피비린내 나는 리얼리티쇼였다.

자객의
정

섭정聶政은 선혀 달랐다.

섭정은 예양보다는 뒤에, 형가보다는 앞에 활동한 자객이다. 형가와는 달리 그의 목표는 뚜렷했다. 한나라 재상 협루俠累를 죽이는 것이었다. 물론 그의 행동도 비밀이었다. 그와 엄중자嚴仲子, 두 사람만 알았다.[9]

이 자객은 훨씬 더 프로페셔널이었던 것 같다.

서예가 의로웠고 예양이 집요했으며 형가가 연기를 잘했다고 한다면 섭정은 프로페셔널이었다. 그는 실로 훌륭하게 '미션'을 완수했다. 단번에 협루를 죽였을 뿐만 아니라 현장을 정리하고 실마리를 제거해, 한나라 사람들이 누가 살인자이고 누가 그 배후인지 도저히 알 수 없게 만들었다.

이런 자객은 장인에 속한다.

9 섭정의 사적은 『사기』 「자객열전」 참고.

장인은 끝이 다이아몬드인 송곳이 있어야 한다. 그 송곳이 없으면 일을 맡지 않으며, 있더라도 함부로 일을 맡지는 않는다.

섭정이 바로 그랬다.

그렇다. 섭정도 "자기를 알아주는 사람을 위해 목숨을 바쳤다." 그가 세상에 나온 것은 엄중자가 자기를 알아봐준 것이 고마웠기 때문이다. 사실 이것은 '중국식 자객'의 거의 공통된 특징이기도 하다. 그러나 다시 말하지만 섭정은 예양과 달랐다. 그는 스스로 복수하려 한 것이 아니라 남에게 의뢰를 받았다. 엄중자는 분명히 섭정에게 살인을 맡기려 했다. 섭정의 집을 찾아가 황금 2000냥을 주면서 그의 어머니의 장수를 축원한 것은 곧 의뢰의 대가였다.

그러나 아무리 많은 재물을 줘도 섭정은 흔들리지 않았다. 그는 황금을 거절하면서 "어머니가 살아계시는 동안에는 제 목숨은 누구에게도 바칠 수 없습니다"라고 잘라 말했다. 하지만 그는 마음속으로 고마움을 느꼈다. 황금 2000냥은 곧 자기를 아끼는 엄중자의 마음의 표시라고 생각했다.

그래서 어머니가 죽고 장례를 마치자마자 섭정은 제齊나라에서 서쪽 위衛나라로 달려가 복양濮陽까지 엄중자를 찾아갔다. 그리고 단도직입적으로 물었다.

"원수가 누구입니까? 말씀해주십시오."

029 엄중자는 뜻밖의 일에 매우 기뻐했다.

오래 은인자중해온 그는 섭정에게 장사 여러 명을 딸려 보내주겠다고 했다. 살인 목표가 한나라의 재상이자 군주의 숙부여서 호위가 매우 삼엄하여 손을 쓰기가 쉽지 않았기 때문이다.

그러나 섭정의 생각은 달랐다.

"이 일은 절대 많은 사람을 쓰면 안 됩니다. 사람이 많으면 말이 새어 나가고 말썽이 생기게 마련입니다. 그 결과는 상상조차 할 수 없습니다. 그러니 저 혼자 가서 임무를 수행하겠습니다."

혈혈단신으로 떠난 섭정의 앞길은 그야말로 무인지경이었다. 석 자 길이의 칼을 차고 그는 한나라 경계를 넘어 도읍으로 들어가서 곧장 재상부宰相府로 쳐들어가 대청에 이르렀다. 그리고 창을 든 병사들이 미처 반응도 하기 전에 협루를 단칼에 찔러 죽인 다음, 길게 휘파람을 불고는 병사 수십 명을 때려죽였다.

이때의 장면은 상상하기 어렵지 않다. 틀림없이 모두가 놀라 멍해져서 감히 누구도 앞으로 나서지 못했을 것이다.

이때 섭정은 자신에게 손을 쓰기 시작했다.

먼저 얼굴 가죽을 벗기고 눈을 파낸 뒤, 배를 갈라 창자를 끄집어내고서야 쓰러져 죽었다. 이 동작들을 그는 너무나 침착하고 일사불란하게 해냈다.

섭정은 '냉혈 자객'이었던 걸까?

아니다. 그는 정이 있었다.

무슨 정이었을까?

가족의 정과 우정이었다.

사실 섭정이 스스로 용모를 훼손한 것은 엄중자를 비롯한 모든 사람을 보호하기 위해서였다. 그것은 그가 다른 사람들을 딸려 보내준다는 엄중자의 제의를 거절한 이유이기도 했다. 엄중자에게 그는 다음과 같이 명확히 말했다.

"한나라와 위나라는 서로 멀지 않습니다. 만약 소문이 새나가면 한나라 전체가 당신을 적으로 삼을 텐데 어찌 위험하지 않겠습니까?"

마찬가지로 그의 정체가 탄로 나면 제나라에 사는 그의 누나도 무사하기 힘들었다.

이 때문에 섭정은 기꺼이 이름 없는 영웅이 되려 했다.

이것이 바로 섭정의 정이었다.

다만 그는 자신의 누나가 얼마나 의로운 여자인지 가늠하지 못했다.

놀라운
여인들

섭정의 누나는 이름이 섭영聶榮이었다.

섭영도 한나라에 왔다. 섭정이 죽은 뒤, 한나라인들이 꼭 머리 잃은 파리 꼴이 돼버렸기 때문이다. 그 자객이 누구인지, 왜 협루를 죽였는지, 또 누가 뒤에서 시켰는지 그들은 전혀 몰랐다. 이에 화가 난 한나라 군주는 섭정의 시체를 거리에 내놓고 1000금을 현상금으로 내걸었다. 어떻게든 그의 이름을 알아내려 했다.

이 소식을 듣고 섭영은 곧장 한나라로 달려왔고 한눈에 자기 동생을 알아봤다.

섭영은 시체 위에 엎드려 대성통곡했다.

둘러서 있던 한나라 사람들이 그녀를 걱정하며 물었다.

"우리 군주가 이 자객에게 현상금을 걸었어요. 부인은 설마 그 사실을 몰랐나요? 어떻게 감히 여기까지 와서 시체를 확인하는 건

가요?"

섭영이 말했다.

"당연히 알고말고요. 제가 어떻게 모르겠어요. 제 이 박복한 동생은 뛰어난 재주와 원대한 꿈을 가졌으면서도 어머니와 이 누나를 염려하는 마음에 치욕을 무릅쓰고 시장 바닥에서 장사치들과 어울려 살았습니다. 이제 어머니가 돌아가시고 저도 시집을 갔기에 동생은 '자기를 알아주는 사람을 위해 죽는 것'도, 가진 재주를 드러내 이름을 날리는 것도 가능해졌어요. 그러나 동생은 나중에 제가 연루될까 두려워 이렇게 스스로 자기 얼굴을 망쳤습니다. 제가 어찌 구차하게 목숨을 보전하려고 동생의 장한 이름을 없애겠어요?"

놀란 한나라인들 앞에서 섭영은 울다가 섭정의 시체 옆에 쓰러져 숨을 거뒀다.

이 이야기는 안티고네를 떠오르게 한다.

안티고네는 고대 그리스의 극작가 소포클레스의 극중 인물이다. 그녀의 오빠 폴리네이케스는 권력 투쟁에서 패해 죽은 뒤, 외삼촌이자 새 국왕인 크레온에 의해 '반역자'로 낙인 찍혀 시신이 짐승의 먹잇감으로 교외에 버려졌다. 그러나 안티고네는 "시체를 수습하는 자는 사형에 처한다"는 크레온의 엄명을 어기고 오빠의 시신에 세 번 흙을 뿌리는 것으로 매장을 대신한다.

033 크레온은 노발대발했다.

그는 즉시 자신의 그 외조카 딸을 잡아들여 왕의 명령을 어기면 안된다는 것을 모르느냐고 물었다.

안티고네는 조용한 어조로 답했다.

알고 있어요. 하지만 저는 다른 명령도 알고 있답니다. 그 명령은 하루 이틀에 그치는 명령이 아니에요. 영원한 명령이죠. 누구도 그것이 어디에서 왔는지 모르지만, 또 누구도 그것을 어겨 신의 질책을 받는 것을 바라지 않아요. 바로 그 명령이 저에게 폴리네이케스를 묻으라고 했어요. 돌아가신 제 어머니의 아들이 몸을 묻을 곳조차 없어서는 안 되기 때문이죠.

섭영도 그런 명령을 받았던 것은 아닐까?

안티고네의 캐릭터를 만든 소포클레스는 섭영과 동시대인이었고 '자살한 자객' 서예보다는 약 200여 년 늦게 활동했다.[10]

서예가 받은 것도 또 다른 차원의 명령이었다. 바로 그 명령이 그로 하여금 용감하게 정의를 위해 나서고 죽음으로 인(仁)을 이루게 했다. 물론 이 세 사람의 출발점은 달랐다. 서예는 나라를 위해, 섭영과 안티고네는 가족을 위해 나섰다. 하지만 그들이 받은 명령은 같은 데에서 비롯되었으니 그것은 바로 양심이었다.

그런데 서예가 죽고 나서도 진 영공은 암살을 포기하지 않았다. 연 **034**

---

10 소포클레스가 『안티고네』를 완성한 것은 기원전 442년(441년이라는 설도 있음)이며 섭정의 협루 암살은 기원전 397년(한나라 열후憪侯 3)이었다. 따라서 소포클레스와 섭영은 동시대인이었던 셈이다. 그리고 서예의 자살은 기원전 607년(진 영공 14)이었으므로 서예는 섭영과 소포클레스보다 200여 년 앞섰다.

회에 조순을 초대해놓고 뒷건물에 중무장한 병사들과 사나운 개를 매복시켰다. 이때 조순은 다른 사람의 도움으로 간신히 포위를 뚫고 나와 도읍을 떠났다. 이런 긴박한 과정은 진 영공이 조순의 사촌동생 혹은 오촌조카였던 조천趙穿에게 피살되면서 끝이 났다. 시점은 같은 해의 음력 9월 26일이었다.

그러나 이 사건의 청산은 결국 조순의 몫이 되었다. 조천이 영공을 죽인 뒤, 진나라 태사太史 동호董狐는 즉시 문서에 "조순이 군주를 시해했다"고 기록했고 이를 나중에 조정에서 모두에게 공개했다.

조순이 말했다.

"아니오. 내가 죽이지 않았소."

동호가 말했다.

"당신은 이 나라의 정경입니다. 한때 추적을 당했지만 국경을 넘어가지는 않았지요. 그리고 조정에 돌아와서는 살인자를 엄히 벌하지도 않았습니다. 이러한데 군주를 당신이 죽이지 않았으면 누가 죽였겠습니까?"

사관의 존엄성은 당시 신성불가침이었다.

조순은 대답할 말이 없었다.

사관이 정신이 살아 있으면 그의 붓은 자객의 칼보다 예리하다. 정신의 힘은 보이지는 않아도 천하무적이다.

실로 놀라운 여인이었다.

실로 대단한 사내들이었다.

이런 여인과 사내들이 있었으니 당연히 비범한 연인도 있었다.

연인

우물
하희

하희夏姬의 용모가 어땠는지 아는 사람은 없다. 실제로 헬레네를 본 사람이 없는 것처럼.

헬레네는 많은 이에게 익숙한 이름이다. 무려 10년을 끈 트로이전 쟁은 그녀 때문에 일어났다고 한다. 호머의 『일리아드』를 보면 트로이 의 왕자 파리스가 배를 타고 스파르타에 도착해 환대를 받는 장면이 나온다. 그런데 이 잘생긴 바람둥이 청년은 보답을 하기는커녕 절세미모의 왕비 헬레네와 정을 통하고 함께 트로이로 도망쳐버렸다. 격노한 스파르타 국왕은 그리스의 각 폴리스에 도움을 호소했고 오디세우스, 아킬레우스, 아이아스 등이 이에 호응했다. 이 아카이아인들(도리아인의 침입 이전에 기원전 16세기~기원전 12세기까지 번영을 이룬 청동기시대의 그리스인들)은 미케네 왕 아가멤논의 지휘 아래 트로이를 향해 진군했 다. 올림포스 산의 신들도 가만 있지 않았다. 각기 어느 한쪽 편을 들거나 직접 참전하기까지 했다. 전쟁은 곧 세상을 온통 뒤흔들었으며 시인은 이렇게 탄식했다.

> 그녀의 미모가 1000척의 배를 출범시키고
> 트로이의 높은 성을 불길에 휩싸이게 했네

그러나 호머는 헬레네가 어떻게 생겼는지는 끝내 얘기하지 않았다. 우리는 단지 그리스 연합군이 성벽 아래까지 밀고 들어왔을 때, 트로이의 원로원에서 한바탕 논쟁이 벌어진 사실만을 알고 있다. 여자 하나 때문에 목숨을 걸고 아카이아인과 혈전을 벌여야 하느냐는 것에 대해 많은 이가 반대를 표명했다. 흰 수염을 기른 한 노인은 심지어 불같이 화를 내며 "그 요물을 바다 속에 던져 버립시다!"라고 외쳤다.

바로 그때, 헬레네가 하늘하늘한 긴 드레스를 입고서 무심코 그 회의장을 지나갔다. 에게 해의 따스한 오후 햇살이 그녀의 얼굴과 몸에 비쳐 황홀한 실루엣을 그려냈다. 남자들은 모두 숨을 죽였다. 회의장 안이 쥐죽은 듯 고요해졌다. 마침내 원로들은 제정신을 차리고 결정을 내렸다.

"여신을 위해 싸운다면 죽어도 여한이 없으리라!"

하희의 미모도 이와 거의 맞먹는 '살상력'을 갖고 있었다.[1]

039 하희는 헬레네와 매우 유사하긴 하지만 다른 점도 있다. 헬레네는

---

1 하희의 사적과 관련 인물들은 『좌전』의 선공 9~12년과 성공 2년, 7년 그리고 소공 28년의 기록 참고.

전설 속의 인물이고 호머의 서사시에 기록되었다. 반면에 하희는 역사적 인물로서 춘추 시대에 살았으며 그녀에 관한 신빙성 있는 기록은 좌구명左丘明의 『춘추좌씨전春秋左氏傳』(이하 『좌전』)에 있다. 그러나 호머와 마찬가지로 좌구명도 하희의 용모를 묘사하지 않아서 우리는 그녀가 애인이 많았다는 것밖에 모른다. 도대체 몇 명이었는지도 정확히 말할 수 없다. 그녀가 세 번은 왕후가, 일곱 번은 부인이, 아홉 번은 과부가 되었다는 속설은 신빙성이 없다. 아마도 시기, 질투하는 무리나 근엄한 유학자들이 지어낸 말일 것이다.

마찬가지로 그녀가 무엇을 무기로 남자들을 정복했는지도 아는 사람이 없다. 천사의 얼굴이었을까? 뇌쇄적인 몸매였을까? 아니면 침대에서의 테크닉이었을까? 어쩌면 이 세 가지를 다 갖췄는지도 모른다. 아무튼 하희는 이 방면에 천부적인 재주를 가졌고 경험도 풍부해서 그야말로 '섹시 여신'으로 알려졌다. 그래서 위로는 군주, 아래로는 대부에 이르기까지 이미 수많은 처첩을 두고 있는 남자들도 그녀만 보면 눈이 뒤집혀 발정 난 수캐가 돼버렸다.

이런 여자를 '우물尤物'이라고 한다.

우물은 세상을 바꿀 수 있으며 최소한 자신의 남자를 좌지우지할 수 있다.

이것은 어느 노부인의 견해다. 이 노부인은 진晉나라 대부 숙향叔向의 어머니다. 기원전 514년, 진나라 군주가 중매를 하여 숙향에게 하희의 딸을 아내로 맞게 했는데 그녀는 극구 그것을 반대했다. 반대의 이유는 분명했다. 여자가 예쁘고 섹시하면 우물이고 우물은 말썽을 일으키게 마련인데, 만약 남편이 덕스럽고 의롭지 못하면 반드시 화를 입는다는 것이었다.

표면적으로는 진나라 노부인의 말이 옳았다. 하희는 확실히 나라를 시끄럽게 만들었다. 처음 시집간 진陳나라는 그녀 때문에 망했고 그 다음에 시집간 초나라도 내홍이 끊이지 않았다. 그리고 그녀가 50세가 되기 전에 그녀와 육체관계를 맺은 남자들은 하나같이 끝이 안 좋았다. 다치지 않으면 명예가 땅에 떨어졌으며 심지어 비명에 가기도 했다. 오래 즐기지도 못하고 젊은 나이에 요절한 사람이 그나마 가장 괜찮은 경우였다.

그녀는 확실히 '화근'이었다.

사실 하희가 일으킨 화는 헬레네와 비교하면 아무것도 아니었다. 트로이 성이 함락된 후 그곳 사람들은 대규모의 살육과 유린을 당했다. 여자들은 전리품으로 전락해 노예가 아니면 성노리개가 되었다. 오직 헬레네만 털끝 하나 상하지 않고 스파르타의 남편 곁으로 돌아가 다시 금빛 융단이 깔린 의자에 앉아 부귀영화를 누렸다. 전쟁을 치른 쌍방 중 어느 쪽도 그녀를 욕하거나 원망하지 않았고 오히려 백방으로 그녀를 비호하고 위로했다. 마찬가지로 아카이아인과 트로이인이 한 여자 때문에 헛된 희생을 치렀다고 비웃은 사람도 없었다. 이에 대해 『일리아드』 제3장에서는 헬레네가 모두의 숭앙을 받을 만큼 아름다워서 그랬다고 설명한다.

하희는 정반대의 대우를 받았다. 『좌전』 소공昭公 28년을 보면 가장 아름다운 것이 가장 추악하다고 말한다. 어떤 여자가 만약 하희만큼 예쁘다면 틀림없이 착한 사람이 아니라고도 했다. 하늘이 그녀에게 온갖 아름다움을 부여한 것은 틀림없이 그녀에게 나쁜 짓을 저지르게 하기 위해서라는 논리다. 이 논리는 그 진나라 노부인의 견해는 아닐지라도 전혀 대표성이 없는 것은 아니다.

따라서 우리는 그 이유를 묻고자 한다.

정나라의
여인

하희는 정鄭나라 목공穆公의 딸이자 영공靈公의 누이동생인 공주로서 성이 희姬였다. 진陳나라 대부 하어숙夏御叔에게 출가하여 하희라 불렸는데 이는 '하씨 씨족의 희씨 며느리'라는 뜻이다.

이것은 꽤 흥미롭다.

사실 정나라와 진나라는 당시 제후국 중 가장 풍류를 아는 나라였다. 예를 들어 『시경詩經』에 수록된 정나라 민요 21편 중 16편이 사랑 노래인데 그 중에서 장면을 묘사한 것이 2편, 남자가 사랑을 표현한 것이 3편이다. 그리고 나머지 11수는 모두 여자가 남자에게 사랑을 표현하는 작품이다.

사랑의 표현을 보면 매우 다양하다. 「탁혜蘀兮」를 예로 들어보자. 이 작품의 배경은 바람에 낙엽이 떨어지는 가을이다. 사랑을 갈망하는 아가씨의 마음이 낙엽처럼 흔들리고 울렁거린다.

낙엽이 지천인데
가을바람 부네
오빠는 노래 불러요
나는 오빠를 따라할 테니[2]

　그렇다. 정나라의 여인은 마음이 움직이면 바로 입을 열었다. 그 입에서 나오는 말은 완곡하면서도 유머러스했다. 「산유부소山有扶蘇」를 또 예로 들어본다.

산 위에는 작은 나무가 있고
물속에는 연꽃이 있네
멋있는 자도子都는 못 보고
못돼먹은 사람과 만났다네[3]

　이것은 반어법이다.
　'못돼먹은 사람'은 사실 애칭이다. 여자는 '나쁜 남자'를 좋아하는 경향이 있기 때문이다. 따라서 '못돼먹은 사람'은 사랑하는 사람을 뜻한다. 그리고 '자도'는 당시의 대표적인 미남자로서 만인의 연인에 해당했다.

2 『시경』「정풍·탁혜」: "蘀兮蘀兮, 風其吹女. 叔兮伯兮, 倡予和女."
3 『시경』「정풍·산유부소」: "山有扶蘇, 隰有荷花. 不見子都, 乃見狂且."

일단 사랑하는 사람이 생기면 정나라 여인은 더 노골적인 표현을 쓰기도 했다. 「건상褰裳」을 살펴보자.

당신이 나를 사랑한다면
치마를 걷고라도 강을 건너가련만
당신이 나를 사랑하지 않으면
내게 사랑할 사람이 없을 것 같나요?
이 천하의 못돼먹은 사람 같으니![4]

한마디로 "이 못돼먹은 녀석, 내가 마음에 안 들어? 나도 잘 나가는 여자거든!"이라는 뜻이다.
이 얼마나 멋있는 여성인가!
물론 이보다 더 직설적인 표현도 있다. 바로 「자금」의 시구가 그렇다.

당신의 푸른 옷깃이여
아득한 내 사랑의 마음이여
내가 찾아가지 못한다고
소식을 끊으면 안 되잖아요
내가 찾아가지 못한다고

045

---

4 「시경」「정풍·건상」: "子惠思我, 褰裳涉溱. 子不我思, 豈無他人. 狂童之狂也且."

발길을 끊으면 안 되잖아요

하루를 못 보아도

석 달이 된 듯해요[5]

위의 시들에서 보이는 정나라 여인의 한과 해학과 격정은 모두 깊은 사랑 때문이다. 처음 사랑에 빠졌을 때는 원망을 품지만 원망은 곧 응석으로 통한다. 「교동狡童」을 인용해본다.

저 나쁜 녀석은

내게 말도 안 거네

내가 밥 한 숟갈 못 뜨게

저 나쁜 녀석은

나와는 밥도 안 먹네

내가 잠 한 숨 못 자게[6]

우리는 이 연애의 결과가 어땠는지 알지 못한다. 그 나쁜 녀석이 나중에 이 여자와 말을 하고 밥을 먹었는지, 아니면 둘이 헤어졌는지 알 도리가 없다. 그러나 실연은 늘 있게 마련이다. 예를 들어 「동문지선東門之墠」의 아가씨도 실연의 희생자다. 그녀는 짝사랑하는 남자와 거

---

5 「시경」「정풍·자금」: "靑靑子衿, 悠悠我心. 縱我不往, 子寧不嗣音? 靑靑子佩, 悠悠我思. 縱我不往, 子寧不來?"
6 「국풍·정풍·교동」: "彼狡童兮, 不與我言兮. 維子之故, 使我不能餐兮. 彼狡童兮, 不與我食兮. 維子之故, 使我不能息兮."

의 매일 마주쳤지만 그 남자는 그녀에게 무관심했다.

> 동문 밖에는 공터가 있고
> 언덕에는 꼭두서니 자라네
> 그 사람 집은 가까이 있건만
> 그 사람 마음은 아득하여라[7]

아주 근사하다! 『시경』 「정풍」에는 짝사랑도 있고 열애도 있고 실연도 있다. 아마도 그것이 정나라 여인들의 마음속 풍경이었을 것이다. 이런 경험을 하희도 해보았을까?

틀림없이 그랬을 것이다.

---

7 「국풍·정풍·동문지선」: "東門之墠, 茹藘在阪. 其室則邇, 其人甚遠."

풍류는
본래 죄가 아니다

사실 사랑과 表현에 용감했던 것은 정나라 여인만이 아니었다. 주나라 시대 여인들의 대담함은 우리의 상상을 초월한다. 「유체지두有杕之杜」의 진晉나라 여인을 예로 들어본다.

> 한 그루 외로운 아가위나무
> 길 한쪽에 우뚝 솟아 있네
> 멋있는 내 정든 님은
> 언제나 내 곁에 오시려나[8]

남자도 크게 다르지 않다. 「정녀靜女」에 등장하는 위衛나라 젊은이는 성 모퉁이에서 아가씨와 만나기로 약속했다. 그런데 아무리 기다려도 오지 않아 머리를 긁적이며 배회한다. 그러다가 숨어 있던 아가씨가

048

---

8 「국풍·당풍·유체지두」: "有杕之杜, 生於道左. 彼君子兮, 噬肯適我?"

드디어 나타나서 그에게 붉은 대나무 통과 새싹을 선물한다. 젊은이
는 기뻐서 어쩔 줄을 모른다.

아름다운 아가씨
예쁘기도 하네
성 모퉁이에서 한참을 기다리는데
당신은 어디에 있나

알고 보니 몰래 숨어 있었네
참 짓궂기도 하여라
내게 뭘 선물하든 어떠랴
당신 하나면 되는데[9]

하지만 역시 여자 쪽이 더 용감해 보인다. 「표유매摽有梅」의 소남召南
여인을 살펴보자.

다 익은 매실이 떨어져
가지에는 예닐곱 개만 남았네
다 익은 매실이 떨어져
가지에는 두세 개만 남았네

049

---

9 『시경』「패풍邶風·정녀」: "靜女其姝, 俟我於城隅, 愛而不見, 搔首踟躕. 靜女其孌, 貽我彤管. 彤
管有煒, 說懌女美. 自牧歸荑, 洵美且異. 匪女之爲美, 美人之貽."

다 익은 매실이 떨어져

가지에는 한 개도 남지 않았네

내게 구애하려면 어서 오세요

꾸물대며 사람 속 태우지 말고[10]

어떻게 보면 여자가 사랑을 강요하는 분위기다.

이뿐만이 아니다. 사랑의 도피를 강요하는 여자도 있다. 「왕풍王風·
대거大車」에 나오는 아가씨는 이렇게 말한다.

큰 수레는 덜컹거리고

털옷은 부드러워라

나는 도망치고 싶은데

그대가 감히 못할까 두렵네

이어지는 말은 더 화끈하다.

살아서 한 침상에 못 자도

죽어서는 한 무덤에 묻히리

그대 내 말을 믿지 못하면

저 하늘 밝은 해를 보세요[11]

---

10 「시경」 「소남召南·표유매」: "摽有梅, 其實七兮. 求我庶士, 迨其吉兮. 摽有梅, 其實三兮. 求我庶
士, 迨其今兮. 摽有梅, 頃筐墍之. 求我庶士, 迨其謂之."

11 「국풍·왕풍·대거」: "大車檻檻, 毳衣如菼. 豈不爾思? 畏子不敢. 大車啍啍, 毳衣如璊, 豈不爾
思? 畏子不奔. 穀則異室, 死則同穴. 謂予不信, 有如皎日!"

사실 왕풍은 주 왕국의 민가다. 그런데도 주풍周風이 아니라 왕풍이
라고 한 것은 첫째, 왕국은 곧 천자가 있는 곳이며 둘째, 이때는 이미
주나라가 본래의 발상지를 떠나 낙양으로 천도한 뒤였기 때문이다.
천자의 나라가 이랬으니 제후들의 나라는 더 말할 필요도 없을 것이
다. 어쨌든 그녀들은 사랑만 있으면 아무것도 돌아보지 않았다. 「백
주柏舟」의 위나라 여인도 그랬다.

　　잣나무 배가 둥실둥실
　　물결 따라 흘러가네
　　그대는 눈에 어른거리고
　　사랑은 내 마음에 있는데
　　이 마음 죽어도 변치 않으리
　　해님이시여 달님이시여
　　왜 제 소원을 몰라주시나요[12]

이 사랑도 나중에 어떻게 되었는지 결과를 알 수 없다.
잘못되었다면 이 아가씨는 도망치거나 몰래 정을 통했을 것이다.
비밀 연애는 주나라 시대에도 흔한 일이었다. 소남의 「야유사균野有
死麕」을 보면 한 사냥꾼이 산속에서 아가씨와 눈이 맞는다. 그는 막 붙

051

---

12 『시경』「패풍·백주」: "泛彼柏舟, 亦泛其流. 耿耿不寐, 如有隱憂. 微我無酒, 以敖以游. 我心匪
鑒, 不可以茹. 亦有兄弟, 不可以据. 薄言往訴, 逢彼之怒. 我心匪石, 不可轉也. 我心匪席, 不可卷也.
威儀棣棣, 不可选也. 憂心悄悄, 慍於群小. 覯閔既多, 受侮不少. 靜言思之, 寤辟有摽. 日居月諸,
胡迭而微? 心之憂矣, 如匪浣衣. 靜言思之, 不能奮飛."

잡은 노루를 사랑의 예물로 선사한 뒤, 그 아가씨와 함께 숲속으로 들어갔는데 그녀가 이렇게 말한다.

가만가만 천천히 해주세요
내 치마는 건드리지 말고
삽살개도 안 짖게 말이에요[13]

대단히 노골적인 말이다.

소남의 이 연인들은 산에서 어울렸지만 제나라의 연인들은 남자의 거처에서 밀회를 가진다. 그런 상황이니 여자는 시간에 예민할 수밖에 없다. 동이 트자마자 품속의 남자를 흔들어 깨운다. 하지만 남자는 더 힘껏 그녀를 끌어안는다.

그래서 「제풍齊風·계명鷄鳴」에는 이런 대화가 등장한다.

닭이 벌써 울어요, 아침이에요!
닭이 운다고? 파리 소리인 걸
동녘이 환해요, 해가 떴어요!
동녘이 환하다고? 그건 달인 걸[14]

이어서 남자는 "그런 벌레 따위는 놔두고 우리 좀 더 즐겨보자고"   052

---

13 『국풍』「소남·야유사균」: "舒而脫脫兮! 無感我帨兮! 無使尨也吠!"
14 『시경』「제풍·계명」: "鷄既鳴矣, 朝既盈矣, 匪鷄則鳴, 蒼蠅之聲, 東方明矣, 朝既昌矣, 匪東方則明, 月出之光."

라고 꾀지만 여자는 "안 돼요, 정말 안 된다니까요. 저는 빨리 가야 하니까 미워하면 안 돼요!"라고 거절한다.

사실 남녀가 있으면 섹스가, 결혼이 있으면 간통이 있게 마련이다. 엥겔스의 말처럼 일부일처 제도는 "절대로 개인적인 섹스의 결과가 아니기" 때문이다. 진정한 사랑이자 성충동의 최고의 형식은 중세시대 '기사의 사랑'이었다. 그런데 기사는 애인과 동침을 할 때면 문밖에 호위병을 세워놓았다. 동이 트자마자 줄행랑을 치려면 깨워줄 사람이 필요했기 때문이다. 엥겔스는 심지어 천주교가 이혼을 금지한 이유와 관련해 아래와 같은 생각을 밝혔다.

간통은 죽음과 마찬가지로 백약이 무효하다.[15]

따라서 혼외정사와 하룻밤 사랑은 어떤 민족과 시대에도 다 존재했으며 사회도 보통은 눈감아주었다. 풍류는 죄가 아니다. 하희처럼 온갖 소란을 피우지만 않는다면.

---

15 엥겔스의 『가족, 사적 소유 및 국가의 기원』과 그 주 참고.

불행과
행운

하희는 박복한 여인이 아니었나 싶다.

전해지는 이야기에 따르면 하희는 출가 전에 이미 애인이 있었다고 한다. 그는 자만子蠻이라는 이복오빠였다고 한다. 심지어 어떤 사람은 그 애인이 그녀의 친오빠인 정 영공이라고 했다. 이 주장은 옳지 않다. 정 영공의 자字는 자학子貉이지 자만이 아니었기 때문이다. 또 어떤 사람은 자만이 그녀의 첫 번째 남편이라고도 했다. 이 주장 역시 의심스럽다. 자만이 어느 나라의 공자였으며 두 사람이 언제 결혼하고 또 결혼 후에는 얼마나 함께 살았는지 전혀 알려진 바가 없기 때문이다. 결국 자만이 하희의 남편이었는지, 아니면 정부였는지 현재로서는 증명할 길이 없다. 우리는 단지 자만이 하희와 관계를 가진 후 얼마 안 되어 죽었다는 사실만 알고 있다. 이로 인해 처음부터 하희에게는 남자를 요절하게 만들었다는 죄명이 붙여졌다.

자만이 죽은 뒤, 그와 동침한 적이 있는 이 정나라 공주는 진陳나라 대부 하어숙에게 시집을 가서 그때부터 '하희'라고 불린다. 하희와 하어숙은 그런대로 행복하게 지낸 듯하다. 슬하에 아들 하징서夏徵舒를 두었고 불미스러운 소문도 없었기 때문이다. 그러나 안타깝게도 십 수 년 뒤 하어숙도 세상을 떠난다. 이 일은 미녀를 화근으로 보는 사람들의 눈에는 당연히 하희가 불길하다는 사실의 증거로 비쳤다. '타고난 우물'로서 젊은 나이에 과부가 된 그녀의 불행을 동정해준 사람은 아무도 없었다.

과부에게는 묘한 일들이 많이 생기게 마련이다. 더구나 진나라에서는 더욱 그랬다.

진나라인은 정나라인과 마찬가지로 풍류에 익숙했다. 두 나라에는 모두 '동문東門'이라는 특별한 장소가 존재했다. 동문은 꼭 '홍등가'는 아니었지만 애인이나 정부가 짝을 만나는 '만남의 장소'였다. 그래서 정나라의 사랑 노래에서는 "동문을 나가니 여자들이 구름처럼 많네出其東門, 有女如雲"라고 했으며, 진나라의 사랑 노래에서 "동문의 연못에도 삼을 담가 불릴 수 있으며 저 아름답고 정숙한 아가씨도 함께 만나 노래할 수 있네東門之池, 可以漚麻; 彼美淑姬, 可與晤歌"라고 한 것은 "동문의 연못에서 여자를 꼬일 수 있다"라고 해석이 가능하다.[16]

정나라와 진나라는 모두 섹스가 자유로운 나라였던 것이다.

실제로는 진나라가 정나라보다 더 개방적이었다. 정나라에는 '상사

---

16 『시경』「정풍·출기동문出其東門」과 『시경』「진풍陳風·동문지지東門之池」참고.

절'이라는, 청춘남녀가 야외에서 자유로이 사랑을 나누는 일종의 '밸런타인데이'가 있었고 그 날짜는 3월 3일이었다. 그런데 진나라는 매일매일이 밸런타인데이였다. 스스로 순 임금의 후예라 칭한 진나라인은 샤머니즘을 가까이하고 누구나 노래와 춤에 능했다. 심지어 일부 여자들은 무녀로서 춤과 노래로 귀신에게 제사를 올리기도 했다. 그런데 이 무녀들은 사실 최초의 성노동자였다. 『시경』「진풍陳風」의 「완구宛丘」는 어떤 남자가 무녀에게 바치는 사랑 노래다. 더구나 진나라에서는 제사가 매우 빈번히 열렸고 그 장소는 동문과 완구 그리고 '남쪽 들판南方之原'이었다. 그때만 되면 진나라의 남녀들은 우르르 성 밖으로 나가서 연인끼리 만나거나 새로 짝을 찾아 질펀하게 '섹스 파티'를 열었다.

풍속이 이러했던 진나라에서 섹시한 과부 하희가 어땠을지는 상상하기 어렵지 않다.

군주인 진陳 영공靈公이 '솔선수범'을 했고 이어 대부 공영孔寧과 의행보儀行父까지 끼어들어 군신 3인이 한꺼번에 하희의 애인이 되었다. 그들은 심지어 하희의 속옷을 입기도 하고 37, 38세의 하희가 어쩌면 아직도 그렇게 요염한지 조정에서 대놓고 떠들기도 했다. 하희의 속옷이 어떻게 그들의 수중에 들어갔을까? 하희가 준 것일까, 아니면 그들이 훔친 걸까? 알 도리가 없다. 다만 한 가지 분명한 것은, 그들이 전혀 남의 이목을 피하지 않은 까닭에 그들과 하희의 관계가 이미 공공연한 비밀이었다는 사실이다.

이 일은 결국 사람들의 입방아에 오른다. 「진풍」의 「주림株林」은 당시 백성들이 이 일을 비판하며 날린 '트윗'에 해당한다. 이 트윗의 내용은 "우리 군주가 왜 주株 땅의 숲에 갔을까? 하희에게 간 거지. 주 땅의 숲에 간 것이 아니라 하희에게 간 거지. 이튿날 그곳에서 아침도 먹었지"다.

성의 자유를 주장한 진나라인에게도 이 일은 다소 지나쳤던 것 같다. 이처럼 비등한 반대 여론은 엉뚱하게 한 대부의 죽음을 야기했다. 그가 진 영공과 두 대부의 소행을 공개적으로 비판했기 때문이다. 그는 진 영공의 묵인 아래 공영과 의행보에 의해 살해되었다.

그 후 세 사람은 더 거침없는 언행을 보였다. 1년 뒤, 다시 말해 앞에서 언급한 서예의 자살 사건이 있은 지 8년 뒤인 노 선공 10년 5월 8일, 그들은 하희의 응접실에서 그녀의 아들 하징서가 자신들 중 누구를 닮았는지 농담을 주고받았다.

진 영공이 히죽대며 의행보에게 말했다.

"징서는 자네를 닮았어."

의행보도 지지 않고 답했다.

"주군도 닮았습니다."

이 농담은 지나쳐도 한참 지나쳤다. 어쨌든 하징서는 그들의 사생아일 수 없었기 때문이다.[17] 선비는 죽일지언정 욕보여서는 안 된다士

---

17 원인은 『좌전』 선공 10년의 두예杜預 주 참고.

可殺不可辱. 인내심이 한계에 달한 하징서는 집을 나서려는 진 영공을 화살로 쏘아 죽여 버렸다.

진陳 영공은 세 번째로 비명횡사한 '영공'이다. 첫 번째는 앞 장에서 이야기한 진晉 영공이다. 폭군이었던 그는 조순의 친척 조천에게 살해 당했다. 그때는 기원전 607년(노 선공 2)이었다. 두 번째는 하희의 오빠 정 영공이다. 진晉 영공이 죽고 2년 뒤(노 선공 4)에 그는 자라를 먹다 가 생긴 다툼으로 인해 정나라의 두 공자에게 죽임을 당했다. 군주가 된 지 1년도 안 돼 벌어진 일이었다. 그러고서 6년 뒤(노 선공 10), 바로 이 진陳 영공이 사통을 하다가 목숨을 잃은 것이다. 앞에서 말한 대로 '영靈'이라는 시호는 실제로는 다 영험하지 않았다. 겨우 8년 동안 세 명의 영공이 잇따라 비명횡사를 했으니 이보다 극적인 일은 또 없을 것이다. 또한 하희는 6년 전에 오빠의 죽음을 겪었는데 이때 애인 까지 죽었으니 정말 지독히도 운이 없었다.

그녀에게 더 불운한 일은 훗날 사람들이 정 영공의 죽음까지 그녀 와 연관을 지은 것이다. 그들은 정 영공이 바로 자만이라고 말했다. 그리고 그가 두 공자에게 죽음을 당한 것은 사실 자라 때문이 아니 라 질투 때문이었다고 했다. 다시 말해 정 영공과 어느 공자가 둘 다 하희의 애인이었으며 서로 질투와 원한이 쌓일 대로 쌓인 나머지 끝 내 참극이 벌어졌다는 것이다.

물론 이런 황당무계한 말을 당시 하희는 알지 못했다. 마찬가지로 **058**

우리도 진 영공이 피살된 후 그녀가 어떤 심정이었고 어떤 태도를 취했는지 알지 못한다. 우리가 아는 것은 화를 초래한 공영과 의행보가 초나라로 도망치고 진 영공을 죽인 하징서가 스스로 군주가 된 것이다. 군주를 살해하고 그 자리를 찬탈하는 것은 당시 천하의 대죄에 속했다. 오랫동안 진나라에 군침을 흘려온 초나라가 이런 좋은 기회를 놓칠 리가 없었다. 진나라를 멸할 '정당한 이유'가 생긴 셈이었다. 그래서 이듬해(노 선공 11) 11월, 초나라는 진나라에 쳐들어가 하징서를 죽였다. 그러고서는 마치 당연하다는 듯이 하희를 데리고 철수했다.

그 후 하희는 자신이 어찌할 수 없는 운명과 맞닥뜨리게 된다.

그나마 그녀에게 행운이었던 것은 무신巫臣과의 만남이었다.

다정한 남자
무신

무신에 관해서는 사료가 많지 않다. 초나라 신申 지역의 상관이었고 성이 굴屈이었으며 자字는 자령子靈이었다는 기록만 남아 있다. 그는 오로지 하희 때문에 사서에 이름이 기재되었다. 그래서 『좌전』 선공 11년에 잠깐 언급된 것 외에는 모든 부분에서 하희와 연관이 된다.

무신과 하희는 아마도 전생에 인연이 있었던 것이 분명하다.

하희가 초나라로 납치된 후 장왕莊王과 대부 자반子反은 눈이 벌게져서 그녀를 원했지만 무신의 제지를 받는다. 무신은 장왕에게 이렇게 권고했다.

"대왕께서 진나라에 군대를 보낸 것은 본래 죄인을 응징하기 위해서였습니다. 그런데 지금 하희를 취하신다면 미색을 탐하여 그러신 게 돼 버립니다. 작은 것을 탐하여 대의를 잃으시면 안 됩니다."

장왕은 어쩔 수 없이 포기했다.

무신은 하희가 불길한 여자라는 이유로 자반도 설득했다.

"이 여인은 첫 번째 남자 자만과 두 번째 남자 하어숙을 죽게 만들고 세 번째 남자 영공을 해쳤으며 친아들 하징서와 대부 공영, 의행보까지 연루시켜 망쳤을 뿐더러 진나라를 멸망에 이르게 했습니다. 실로 관계되는 사람마다 불행하게 만들었지요. 인생은 짧으니 목숨을 소중히 여기셔야 합니다. 세상에는 미녀도 많은데 왜 하필 그런 여자에게 목숨을 거시려 합니까?"

자반도 어쩔 수 없이 포기했다.

장왕과 자반이 포기한 뒤, 하희는 양로襄老에게 주어져 그의 아내가 되었지만 실제로는 양로의 아들의 정부가 된 셈이었다. 결혼 후 여덟 달만에 양로가 전투에서 사망했기 때문이다. 하희는 잠시도 못 기다리겠다는 듯이 양로의 아들과 동침했다. 이에 크게 놀란 사람은 없었다. 다들 하희 같은 우물은 어떤 후환도 개의치 않는다고 생각했을 것이다.

그런데 여기에 숨은 이야기가 있는 줄은 아무도 몰랐을 것이다.

여러 해 뒤에야 사람들은 깨달았다. 무신이 장왕과 자반을 포기시킨 것은 사실 그 자신이 하희를 원했기 때문이다. 하희 역시 무신에게 반했던 것으로 보인다. 사서에는 그들이 서로 사랑한 과정에 대한 기록은 없다. 단지 두 사람이 손발을 맞추고 나라 간의 정치적 투쟁을 이용해 결국 진晉나라로 도망쳤다고만 나와 있다.

이 일은 상당히 복잡하기 때문에 정리해서 말할 수밖에 없겠다.

하희가 양로의 아내가 된 것은 노 선공 11년 10월이었다. 이듬해 6월에는 진晉나라와 초나라의 전쟁이 일어났으며 교전지는 바로 정나라였다. 이 전쟁에서 진나라군은 양로를 쏴죽이고 초나라 왕자도 포로로 잡아 돌아간 뒤, 역시 초나라에 잡혀간 자국 포로들과 교환할 준비를 했다.

무신은 기회가 온 것을 알았다.

그는 우선 하희에게 알리길, 정나라로 돌아가 있으면 그녀를 아내로 삼겠다고 했다. 그런 나음에는 사람을 시켜 성나라에서 하희에게 편지를 보내게 했다. 그녀가 정나라로 오면 양로의 시신을 인계하겠다는 내용이었다. 어쨌든 하희와 양로는 법적인 부부였다. 그녀가 남편의 시신을 돌려받으려 돌아가겠다고 하자 초 장왕으로서는 허락하지 않을 수 없었다. 더구나 이 일은 무신이 주관했다. 물론 남편의 장례는 단지 구실일 뿐이라는 것을 하희는 마음속으로 잘 알고 있었다. 그녀는 남편의 시신을 못 찾으면 초나라로 돌아오지 않겠다고 미리 선언했다.

결국 정나라로 돌아간 후 하희는 그곳에 눌러 앉았다. 그러나 무신은 즉시 도망치지 않았다. 초 장왕이 죽을 때까지 기다리다가 초 공왕共王이 즉위하고 그 이듬해에 비로소 계획을 행동에 옮겼다. 이때 그는 제나라에 사신으로 가는 기회를 이용했다. 도중에 정나라에 이르렀을 때 자신의 임무와 예물을 몽땅 부사副使에게 넘기고서 하희를 데리고 줄행랑을 쳤다. 본래 그들은 제나라로 갈 생각이었지만 제나라가 막 전쟁에서 패한 뒤였기 때문에 생각을 바꿔 진晉나라로 갔다. 이 한 쌍의 연인은 진나라에서 가정을 이루었고 무신은 진나라의 대부가 되었다.

당연히 양로의 시신과 포로가 된 초나라 왕자는 진나라에 의해 돌려보내졌다. 하지만 그때는 무신이 도망친 해의 그 이듬해(노 성공成公 3)였으므로 무신과 하희와는 아무 관계도 없었다.

하희의 일생을 돌아보면 치정 관계가 대단히 복잡했다. 심지어 그녀는 애인들이 서로 군주와 신하(진 영공과 공영, 의행보)인지, 아니면 아버지와 아들(양로와 그의 아들)인지도 개의치 않았다. 그러나 무신과의 관계만은 진실했다. 여러 가지 단서를 모아보면 그들이 서로 첫눈에 반했을 뿐만 아니라 그토록 뒤늦게 만난 것을 한스러워했음을 알 수 있다. 그 험난한 사랑을 이루기 위해 그들은 도주를 계획하고 성공하기까지 무려 7, 8년의 세월을 보내야 했다.[18]

그러나 이 진실한 사랑의 결과로 무신과 초나라는 무거운 대가를 치러야 했다. 무신이 도망치고 5년 후(노 성공 7), 과거에 하희를 포기했던 초나라 대부 자반은 무신의 가족을 몰살시켰으며 무신은 진나라와 오나라를 설득해 함께 초나라를 토벌하게 했다. 심지어 그는 직접 오나라에 가서 군사들을 훈련시켰다. 그 바람에 자반 등은 신출귀몰

---

18 하희가 초나라에 간 것은 노 선공 11년(기원전 598)이었고 양로가 정나라에서 전사한 것은 노 선공 12년(기원전 597)이었으며 하희와 무신이 함께 진나라로 도망친 것은 노 성공 2년(기원전 589)이었다.

하는 오나라의 군대를 쫓아 1년 동안 일곱 차례나 출병하고도 아무 소득 없이 국력을 낭비했다.

오직 하희만 행복한 결과를 얻었다.

그녀와 무신의 가정은 단란했다. 진나라의 노부인이 며느리로 들이기를 거부한 아가씨는 바로 그들의 딸이었다. 무신과 사랑할 때 하희는 이미 쉰 전후의 나이였지만 어쨌든 진정한 사랑을 이루었다. 사실 하희가 우물이 된 것은 본인의 뜻이 아니었다. 덕 있는 남자를 만나는 것은 자신이 어찌할 수 없는 일이다. 그녀의 모든 행동은 스스로 자신의 운명을 개척하려는 마음에서 비롯되었을 뿐이며 그녀는 어쨌든 평생을 기다리고 노력했다. 무신을 만나기 전에 둔재나 쓰레기 같은 남자만 만난 것은 그녀의 잘못이 아니었다.

하희와
헬레네

헬레네와 비교하면 하희는 다소 억울한 점이 없지 않다.

하희는 인륜을 어지럽히기는 했지만 당시 그런 일은 매우 흔했다.[19] 또한 간통을 하기는 했지만 자기가 남의 부인일 때 그런 적은 한번도 없었다. 첫 남편인 하어숙과 살 때도, 심지어 나중에 정나라에서 무신이 오기를 기다릴 때도 스캔들을 일으킨 적이 없었다. 헬레네가 남편을 배신한 것을 생각하면 더 나으면 나았지 못한 것이 없었다.

물론 하희가 화를 일으킨 것은 사실이다. 그러나 헬레네가 일으킨 화가 더 컸다. 그녀로 인해 트로이는 철저히 파괴되었으며 수많은 영웅들이 전장에서 쓰러지고 헤아릴 수 없이 많은 백성이 처참한 운명을 맞았다. 그런데도 두 여성의 운명은 전혀 달랐다. 하희는 음란한 여성으로 낙인찍힌 반면, 헬레네는 아무런 책임 추궁도 받지 않았다. 오히려 아름다운 여신의 형상으로 역사에 길이 남았다. 2004년 워너

065

---

19 춘추 시대의 성 관계는 후대처럼 그렇게 엄격히 통제되지 않았다. 계모와 통정한 사람도 있었고, 며느리와 제수씨를 빼앗은 사람도 있었고, 다른 이와 아내를 바꿔 즐긴 사람도 있었고, 형제자매 사이의 근친상간도 있었다. 이런 일들이 『좌전』에 다 기록되어 있다.

브라더스의 「트로이」가 개봉하여 첫 주 주말 4560만 달러의 박스오피스를 기록했다. 헬레네의 매력은 의심할 여지가 없었다.

하희는 비난을 받고 헬레네는 무한한 영광을 누린 까닭은 대체 무엇일까?

간단히 말하면 인간과 신의 차이 때문이다.

그렇다. 하희는 '인간의 죄'였고 헬레네는 '신의 과오'였다.

트로이 전쟁의 발단을 모르는 사람은 아마 없을 것이다. 여신 헤라와 아테나와 아프로디테는 트로이의 왕자 파리스에게 자신들 중 가장 예쁜 여신을 골라 황금사과를 건네게 한다. 파리스는 아프로디테에게 황금사과를 건넸고 아프로디테는 이에 대한 상으로 헬레네를 선사한다. 따라서 간통에서부터 사랑의 도피까지 헬레네에게는 책임이 전혀 없었으며 책임을 안 져도 괜찮았다. 물론 올림포스 산의 신들도 책임을 질 리 없었다.

책임질 사람이 없으니 책임을 추궁할 방법도 없고 질책할 필요도 없었다. 해야 할 것이라고는 즐기고 떠들고 구경하는 것뿐이었다.

이것은 전형적인 그리스 스타일이다.

하희는 그 정도로 운이 좋지는 않았다. 중국에는 올림포스 산의 신들 같은 신이 없기 때문이었다. 심지어 종법宗法과 예교禮敎에 따르면 여자가 자신의 운명을 선택하는 것조차 허용되지 않았다. 여자가 해야 할 일은 부모의 명에 따라 얼굴도 모르는 남자와 결혼해 남편을 돕고 아이를 낳아 키우는 것이었다. 만약 몹쓸 남자에게 시집가면 자기가 운이 없음을 탓할 수밖에 없었고 불행하게 남편을 잃어도 똑같이 자기가 운이 없음을 탓해야 했다. 이랬으니 하희가 누구에게 이해와 동정을 얻었겠는가?

그녀는 누구에게도 의지할 수 없었다.

그렇다면 신이 있어야 좋은 것일까?

아니다. 문제는 신이 아니라 인간에게 있었다. 우리는 그리스의 종교가 사실 예술이었고 그리스의 신은 사실 인간이었음을 알고 있다. 올림포스 산의 그 군상들을 보라! 교만하고 난폭하며 방탕하고 옹졸했다. 그들은 속고 속이고, 일부러 상처를 입히고, 질투하여 다투고, 서로를 인정하지 않았다. 그리고 인간들 사이의 다툼과 사랑에도 적극적으로 관여하며 음란함과 폭력성을 드러냈다. 이런 자들이 인간과 무슨 차이가 있단 말인가?

차이는 단 한 가지, 인간은 죽지만 신은 죽지 않는다는 데 있었다. 불사의 신은 자연법칙의 지배를 받지 않아서 자기 멋대로 행동하고도 책임을 지지 않았다. 이것은 당연히 불합리했다. 트로이 전쟁에서 영웅 아킬레우스는 게임의 규칙을 어긴 아폴론에게 노하여 소리친다.

"물론 당신은 복수를 당하지 않을까 걱정할 일이 없겠죠!"

대ㅅ 아약스도 하늘 가득 짙은 안개를 내리는 제우스를 향해 소리쳤다.

"우리가 죽어야 한다면 햇빛 아래 죽게 하소서!"

이런 정의의 외침은 신성神性보다 더 고귀하다.

좋다. 신이 어긋난 행동을 한다면 인간도 자유로운 선택이 가능하다. 적어도 인간의 일부 천성과 재능은 책임이 면제되었다. 그것은 사랑과 아름다움이었다. 그래서 헬레네와 파리스는 책임을 추궁 받지 않은 것이다. 그들의 간통 때문에 일어난 전쟁은 그런 맥락에서 가치 있고 반드시 필요하기까지 했다. 그런 전쟁이 있어야 비로소 영웅은 영웅다워지고, 정의는 정의다워지고, 사랑은 사랑다워지고, 미美는 미다워지기 때문이었다. 어느 영국인 학자는 『일리아드』의 진정한 의미가 아래 두 줄의 시구에 구현되어 있다고까지 말했다.

그 모든 것보다 중요한 것은
첫째는 사랑, 둘째는 전쟁이네

이 시구는 『좌전』의 "나라의 큰일은 제사와 군대에 있다國之大事, 在祀與戎"라는 구절을 떠오르게 한다. 앞 시구의 형식을 본떠 바꿔보면 이렇다.

그 모든 것보다 중요한 것은
첫째는 조상 제사, 둘째는 전쟁이네

그리스는 여인을, 중국은 조상을 더 중시한 것이다. 하지만 그리스에서든 중국에서든 전쟁은 다 중요했으며 전사戰士도 중요했다. 오로지 전쟁 속에서만 인간성의 아름다움과 추함이 남김없이 드러나고 표현되었다.

그러면 전사에 관해 이야기해보기로 하자.

자로는 말했다.
"군자는 모름지기 떳떳하고 존엄하게 살아야 한다.
죽어도 관冠을 벗을 수는 없다."
그래서 무기를 내려놓고 조용히 두 손을 올려 관의 끈을 조였다.
적들이 어떻게 자신을 베어 죽일지 상관하지 않았다.

전사

전쟁
포로

하희와 무신이 진나라로 도망친 그 이듬해, 지앵知罃이 석방되었다.

지앵은 전쟁 포로였다.

전쟁 포로 지앵은 진나라 대부 순수箇首의 아들로서 순앵이라고도 불렸다. 순수는 지智('知'라고도 쓰였다) 땅을 다스렸기 때문에 지백智伯 혹은 지백知伯으로 불렸으며 시호는 지장자知莊子다. 그의 후계자도 당연히 대대로 모두 지백이라 불렸으니 진나라의 군주가 대대로 진후晉侯라 불린 것과 마찬가지였다. 제1장에서 예양이 죽음을 무릅쓰고 충성한 지백은 이름이 순요箇瑤이며 시호는 지양자知襄子다.

앞 장에서 서술한 하희의 이야기에서 우리는 초나라와 진나라 사이에 전쟁이 벌어진 것을 알았다. 그 전쟁을 사서에서는 '필지전邲之戰'이라고 부른다. 필지전에서 진나라군은 참패했고 지앵은 초나라군의 포로가 되었다. 이때 진나라의 하군대부下軍大夫였던 순수는 "남의 자식을 잡지 못하면 내 자식을 되찾지 못한다"라고 말하고는 퇴각 도중에 다시 친병들을 데리고 돌아갔다. 그리고 화살을 퍼부어 하희의 남편 양로를 죽이고 초나라 왕자를 상처 입힌 뒤, 양로의 시신과 그 왕자를 데리고서 진나라로 귀환했다.

무신은 이 사건을 이용하여 하희를 취하는 데 성공했으며 초 장왕에게 틀림없이 진나라가 포로 교환을 제의할 것이라고 보고했다. 과연 노 성공 3년(기원전 588), 진나라와 초나라가 협상을 맺음으로써 진나라는 초나라 왕자와 양로의 시신을 돌려주고 초나라는 지앵을 석방해 보내주었다.

이때 지앵은 이미 9년이나 포로 생활을 한 뒤였다.[1]

초왕은 돌아가는 지앵을 배웅했다.

물론 이때의 초왕은 이미 장왕이 아니라 젊은 공왕이었다.

배웅할 때 양쪽은 모두 정중하게 예의를 갖췄다. 공왕은 지앵을 '자子'라고 칭했으니 이는 '선생' 혹은 '당신'이라는 뜻이다. 그리고 자신은 '나'라고 하기도 하고 '불곡不穀'이라고 하기도 했다. '불곡'은 '선하지 못한 사람'이라는 뜻이다. 이것은 왕의 겸칭으로서 초나라는 이미 군주가 왕이라 칭했기 때문에 이 말을 썼다. 엄격히 말하면 사실 공왕은 제후의 겸칭인 '과인寡人'이라는 말을 써야 했다. '과인'은 '덕이 부족한 사람'이라는 뜻이다.

073　지앵은 자신을 '신臣' 혹은 '누신累臣'이라 칭했으니 이는 '사로잡힌 소

---

1 지앵이 포로가 된 것은 노 선공 12년(기원전 597)의 일이며 노 성공 3년(기원전 588)에 풀려났다.

신小臣'이라는 뜻이고 자기 아버지는 '외신外臣' 즉 '다른 나라의 소신'이라 칭하거나 직접 이름을 불렀다. 또한 자신의 군주는 '과군寡君'이라 불렀다. '폐국弊國의 덕이 부족한 군주'라는 뜻이었다. 이런 호칭들은 당시의 외교 예절에 속했다.

오가는 말은 부드럽고 우아했지만 말 속에는 긴장감이 가득했다.

공왕이 물었다.

"선생은 나를 미워하시오?"

지앵은 답했다.

"미워하지 않습니다. 양국이 교전을 하는 와중에 신은 무능하여 포로가 되었습니다. 그런데 귀국의 집법관은 신의 피를 귀군貴君의 북에 칠하지 않고² 신을 본국에 돌려보내 군법의 심판을 받게 하니 이것은 군주의 은혜입니다. 신이 무능해서 이렇게 되었을 뿐인데 감히 누구를 미워하겠습니까?"

공왕이 또 물었다.

"그러면 선생은 내게 감사하시오?"

"감사하지 않습니다. 양국의 군신은 나라와 백성의 안녕을 위해 스스로를 억제하고 타인에게 관대하여 포로를 석방하고 우호관계를 맺었습니다. 이처럼 공덕이 무한한 일을 신은 이제껏 접해본 바 없는데 감사를 표시할 자격이 어디 있겠습니까?"

공왕이 다시 물었다.

---

2 당시의 제도에 따르면 장수는 출정하기 전에 먼저 사신社神에게 제사를 올렸다. 그것을 '제사祭社'라고 했으며 제사에 쓰인 고기와 술을 사람들에게 나눠주는 것은 '수진受脈'이라고 했다. 또한 전투용 북에 피를 칠하는 것은 '흔고衅鼓'라고 했다. 흔고에 쓰이는 피는 보통 전쟁 포로의 피였는데 포로의 신분이 높을수록 더 높은 평가를 받았다. 여기에서 지앵이 "귀국의 집법관은 소신의 피를 귀군의 북에 칠하지 않았습니다"라고 한 것은 초나라인이 자신을 죽이지 않았음을 지적한 것이다.

"선생은 귀국한 후 무엇으로 내게 보답하겠소?"

"모르겠습니다. 신은 마음속에 미움이 없고 군주께서도 공덕을 베풀었다고 자처하실 리 없습니다. 미움도 없고 공덕도 없는데 어떻게 보답할지 신은 모르겠습니다."

공왕은 어쩔 수 없이 이렇게 말했다.

"그렇기는 해도 선생의 생각이 어떤지 내게 좀 말해주시오."

"알겠습니다."

그래서 지앵은 세 가지 가능성을 말했다.

"첫째, 군주의 은혜를 입어 소신이 조국에 돌아간 다음, 폐국의 과군이 군법대로 처리해 군의 위엄을 떨치고 일벌백계를 한다면 신은 죽어도 유감이 없을 겁니다. 둘째, 과군이 법 밖에서 은혜를 베풀어 신을 외신인 부친의 처분에 맡기고, 또 부친이 과군의 허락을 받아 가문의 법대로 조상의 영전 앞에서 신을 처단한다면 마찬가지로 신은 죽어도 유감이 없을 겁니다. 셋째, 과군이 부친의 청을 허락하지 않으면 신은 법에 따라서 폐국의 직무를 맡아 작은 부대를 이끌고 변경을 사수하겠습니다. 만약 그때 불행히도 귀국의 군대와 조우한다면 신은 목숨을 걸고 앞장서서 싸울 것입니다. 절대로 망설이거나 딴마음을 품지 않을 겁니다. 그 충심이 바로 신이 군주께 드릴 수 있는 보답입니다."

이 말을 듣고 숙연해진 공왕은 최고의 예의를 다해 지앵이 국경을 넘을 때까지 전송했다. 심지어 그는 이렇게 탄식했다.

"진나라에 이런 전사가 있으니 우리는 진나라와 겨룰 방도가 없겠구나!"[3]

실로 대단한 전쟁 포로다.

그런데 이런 전쟁 포로는 춘추 시대에 드물지 않았다. 노 양공襄公 17년(기원전 556) 장견臧堅이라는 노나라 전사가 제나라군에 붙잡혔다. 이때 제 영공靈公은 뜻밖에 환관을 보내 그에게 "당신은 죽지 않을 것이오"라고 말하게 했다. 이 일은 신빙성이 의심되긴 하지만 이 군주 역시 시호가 '영공'인 꽤 모자란 인물이었으므로 다소 현실성이 없어 보여도 별로 이상한 일이 아닐 수도 있다.

그런데 이 일은 장견에게는 크나큰 치욕이었다. 당시의 제도와 예의에 따르면 환관은 귀족에게 명령을 내릴 수 없었으며 당연히 귀족의 생사를 결정할 권리도 갖지 못했다. 단지 군주의 명령을 전할 경우에도 마찬가지였다. 그래서 장견은 제 영공이 사는 곳을 향해 절을 하며 말했다.

"이런 보살핌을 받으니 실로 감당하기 어렵습니다. 그런데 군주께서는 신에게 은혜를 베풀면서 왜 하필 저런 사람을 보내셨습니까!"

말을 마치고서 장견은 날카로운 막대기로 자신의 상처 부위를 찔러 출혈 과다로 죽었다.[4]

전쟁 포로가 이 정도였다면 전사는 어느 정도의 풍모를 보였을지   **076**

---

3 이 일은 『좌전』 성공 3년 참고.
4 이 일은 『좌전』 양공 17년 참고.

미루어 짐작할 수 있다.

풍모, 풍골, 품격에 대해 이야기해보자.

전사의 풍모는 『시경』에 나온다.

「주남·토저兎罝」를 살펴보자.

물 샐 틈 없이 그물을 치고

말뚝을 박고서 맹수를 맞네

씩씩한 무사는

군왕의 방패와 성[5]

고대사회에서는 국가가 있으면 전쟁이 있고 전쟁이 있으면 전사가 있었다. 모든 전사는 항상 경계의 눈초리를 번뜩였다. 그것이 바로 이른바 "물 샐 틈 없이 그물을 치고, 말뚝을 박고서 맹수를 맞네"다.

전사의 이런 풍모는 『초사楚辭』에도 나온다.

「구가九歌·국상國殤」에서 굴원屈原이 묘사한 초나라 전사는 오나라 창을 들고, 진나라 활을 끼고, 긴 칼을 차고, 무소 갑옷을 입었다. 깃발이 해를 가리고 적들이 구름처럼 몰려왔는데 진지까지 파고든 적들이 초나라 전사들을 쓰러뜨린다. 그러나 초나라 전사들은 북채를 들어 북을 울리고 전차에 올라 말에 채찍을 가하면서 화살 세례를 무릅쓰고 앞 다퉈 전진한다. 왜냐하면 그들은 "나아가면 못 들어오

5 「주남·토저」: "肅肅兎罝, 椓之丁丁, 赳赳武夫, 公侯干城."

고 떠나면 못 돌아오는出不入兮往不反" 자신들의 운명을 알기 때문이었다.

나라를 위해 충성을 다하는 것이 전사의 본분이었다.

그래서 굴원은 이렇게 노래했다.

진실로 용감하고도 씩씩하며

끝까지 굳세고 강해 침범할 수 없었네

몸은 이미 죽었어도 넋은 영령이 되어

그대들의 혼백은 뭇 영혼의 영웅이 되었네[6]

참으로 늠름한 풍모다.

풍모의 배후에는 풍골風骨(굳센 기상 혹은 기질)이 있다. 노 장공莊公이
군대를 이끌고 송나라와 싸울 때 현분보縣賁父라는 전사가 그의 수레
를 몰았다. 그런데 전장에서 수레를 끌던 말이 갑자기 놀라는 바람에
노 장공이 땅바닥에 굴러 떨어지고 말았다. 이에 노 장공이 말했다.

"규칙에 따르면 누가 수레를 몰든 전투를 치르기 전에 점을 치게
되어 있다. 오늘 이런 불상사가 난 것은 점을 치지 않았기 때문이다!"

그러나 현분보의 생각은 달랐다.

"전에는 이런 일이 없었는데 하필 오늘 이런 일이 생긴 것은 소신의
용감함이 모자랐기 때문입니다."

말을 마치고서 그는 적진에 뛰어들어 싸우다가 전사했다. 전투가 **078**

---

6 「구가·국상」: "誠旣勇兮又以武, 終剛強兮不可凌. 身旣死兮神以靈, 魂魄毅兮爲鬼雄!"

끝난 뒤, 그 말을 닦아주던 마부는 다리에 화살 한 대가 박혀 있는 것을 발견했다. 본래 말이 놀란 것은 화살에 맞았기 때문이었다. 현분보에게는 아무 책임도 없었던 것이다. 노 장공은 즉시 명을 내려 그를 위해 추도사를 쓰게 했다. 사인士人을 위해 추도사를 쓰는 풍조는 이 일에서 시작되었다.[7]

이런 풍골의 예는 역사서에 끊임없이 기록되었다. 공자가 세상을 떠나기 1년 전인 기원전 480년, 위衛나라에 내란이 일어나 대부 공회孔悝가 가택연금을 당했다. 이 소식을 전해 듣고 공자의 제자 자로子路는 즉시 도우러 달려갔다. 자로는 공회의 가신이자 전사였기 때문이다. 결국 한바탕 혼전 속에서 그는 비참하게 살해당하고 말았다. 이 비보를 들은 공자는 비통한 나머지 부엌에 분부를 내려 이미 다 만든 고기절임을 쏟아 버리게 했다.[8]

사실 자로는 도우러 가지 않을 수도 있었다. 그가 위나라 도읍에 도착했을 때 성문은 굳게 닫혀 있었고 공회의 저택에 닿았을 때도 문은 폐쇄된 상태였다. 그와 동문수학한 자고子羔와 공회의 가신 손감孫敢도 이미 늦었으니 무의미한 희생을 삼가라고 말렸다. 그런데도 자로는 분연히 목숨을 바쳤다. 그는 이렇게 말했다.

"다른 사람의 녹을 먹었으면 그 사람에게 충성을 바쳐야 하오. 나는 이로울 때는 옆에 있고 화가 닥쳤을 때는 뺑소니를 치는 그런 사람이 아니오!"

079

---

7 이 일은 『예기禮記』 「단궁상檀弓上」 참고.
8 이 일은 『좌전』 애공 15년과 『공자가어孔子家語』 「자공문子貢問」 참고.

마찬가지로 자로는 그렇게 비참하게 죽지 않을 수도 있었다. 그가 죽은 것은 싸우던 중 상대의 창에 관冠의 끈이 끊어졌기 때문이다. 자로는 말했다.

"군자는 죽어도 관을 벗어서는 안 된다."

그는 무기를 내려놓고 천천히 끈을 고쳐 맸다. 적이 자신을 죽이게 내버려두었다.

참으로 비범한 풍골이다.

풍골이 있으면 풍모가 있고 또 품격도 있다. 예를 들어 양로가 전사하고 지앵이 포로가 된 그 전쟁에서 이런 에피소드가 있었다. 퇴각하던 진나라군의 수레 한 대가 구덩이에 빠져 꼼짝도 하지 못했다. 이때 그들을 쫓던 초나라군의 전사가 수레를 멈추고는 큰소리로 수레 고치는 방법을 알려주었다. 그런데 수리를 마치고도 그 수레는 얼마 못 가 또 고장이 났다. 초나라인들은 이번에도 소리를 높여 처리 방법을 가르쳐주었다. 결국 진나라군은 여유 있게 철수할 수 있었다. 더 기막힌 것은 당시 진나라군의 반응이었다. 그들은 도망치며 입을 모아 소리쳤다.

"감사하오, 초나라 형제들! 역시 대국이라 경험이 많군요!"

이처럼 초나라인들은 군자의 품격을 보여주었지만 한편으로 의심을 불러일으킨다. 이런 식으로 싸워도 전쟁이라고 할 수 있을까?

당연히 전쟁이 맞다. 단지 조금 예의 바를 뿐이다.

적어도 춘추 시대의 전쟁은 그랬다.

진晉나라와 초나라의 성복대전城濮大戰을 또 예로 들어보자.

군사
올림픽

성복대전은 기원전 632년에 일어났다. 진나라 쪽에서는 진 문공文公이 친히 전투를 지휘했고 초나라의 총사령관은 성득신成得臣(자는 자옥子玉) 이었다. 전투가 벌어지기 전, 성득신은 우선 사신을 보내 이렇게 선전 포고를 했다.

"폐국의 전사들이 귀국의 용사들과 한바탕 즐거이 싸워보기를 간 절히 청합니다. 군주께서는 수레 안에서 구경하시면 되옵고 신臣이 기 꺼이 모시겠습니다."

이에 진 문공도 사신을 보내 초나라 사신에게 답하게 했다.

"폐국의 과군께서는 이미 장군의 명을 접했습니다. 과군이 이곳에 진주하고 계신 것은 당년當年의 약속을 지켜 귀군貴軍과 부딪치면 되도 록 양보하고 피하기 위해서입니다. 다만 이러할 뿐이니 어찌 귀국의 용맹한 군대를 감히 당해내겠습니까? 그러나 폐국이 아직 귀군의 정전停戰 제의를 못 받은 이상, 어쩔 수 없이 귀군의 장군께 이 말씀을 전해드리길 부탁합니다. 여러분의 수레를 몰고 여러분의 국사國事에 충실하시길. 내일 아침에 뵙겠습니다."**9**

이처럼 먼저 인사를 나누고 자웅을 겨루는 형식은 어찌 보면 축구 경기와 비슷하다.

실제로 춘추 시대의 전쟁은 오늘날의 스포츠 경기와 같았다. 시간은 원칙적으로 딱 하루였다. 성복대전도 4월 2일 하루 동안 벌어졌다. 승리한 진나라군은 3일, 4일, 5일에 느긋하게 쉬며 전열을 정비했다. 초나라군이 남기고 간 식량을 다 먹고서야 귀국길에 올랐다. 심지어 가장 짧은 전쟁은 아침나절에 끝나기도 했다.**10** 그리고 장소는 보통 국경선이었다. 국경선을 '강疆'이라고 했으므로 전장을 '강장疆場'이라 했고, 또 국경선이 들판, 즉 '야野'에 있다고 해서 '야전野戰'이라는 말도 생겼다.

당시 전쟁은 거칠지도 야만적이지도 않았고 사전에 꼭 선전포고를 해야 했다. 선전포고는 사신을 통해 이뤄졌고 군주나 총사령관이 친히 사신을 맞이할 필요는 없었다. 그러나 사신의 선전포고는 꼭 군주나 총사령관의 명의로 행해져야 했다. 사신은 당연히 공손한 태도를 유지했고 외교적인 언사를 구사했으며 호칭도 극히 세심하게 골라 썼다. 선전포고 없이 싸우는 것은 전국 시대에 가서야 생긴 현상이다. 그때는 맹자가 말한 것처럼 "땅을 뺏기 위해 전쟁하여 죽인 사람이

083

---

9 이 일은 『좌전』 희공 28년 참고. '당년의 약속'은 진 문공이 기원전 637년에 초 성왕에게 한 약속을 말한다.
10 『좌전』 성공 2년 참고.

들판에 가득하고, 성을 **뺏기** 위해 전쟁하여 죽인 사람이 성 안에 가득한爭地以戰, 殺人盈野; 爭城以戰, 殺人盈城"[11] 시대였으니 예의 따위를 챙겼을 리 없다.

춘추 시대의 전쟁은 예의를 대단히 따졌다. 심지어 전투를 중간에 멈추고 예의를 행한 적도 있었다. 기원전 575년(성복대전이 있은 지 57년 뒤)에 벌어진 진晋나라와 초나라의 언릉鄢陵대전[12]에서 진나라 대부 극지郤至는 세 번 초왕과 마주쳤는데 그때마다 수레에서 내려 투구를 벗고 종종걸음으로 다가가 경의를 표했다. 당시의 초왕이었던 공왕도 마찬가지로 예의를 차렸다. 심지어 사신에게 활을 가지고 가 극지를 위문하게 했다.

사신은 초왕의 말을 전했다.

"방금 전 전투가 한창일 때 담홍색 군장을 한 인물은 참으로 군자였소. 그런데 그는 과인을 보고서 종종걸음으로 가던데 혹시 부상을 입은 게 아니오?"

극지는 즉시 투구를 벗고 예를 표했다.

"위대한 군주시여! 신은 폐국의 과군을 좇아 이 전투에 참가해 군주의 은혜를 입게 되었습니다. 공무를 맡은 터라 감히 뵙고서 군주의 보살핌에 절하여 감사드리지 못하고 있습니다. 청컨대 사신께서는 군주께 아뢰어주십시오. 신은 건강하며 귀국의 군대와 목숨을 걸고 싸울 준비가 돼 있다고."

11 『맹자』「이루상離婁上」참고.
12 언릉대전은 『좌전』성공 16년 참고.

두 사람은 한참동안 이렇게 예의를 나누고서야 아쉽게 헤어졌고 이어서 전투가 속개되었다.

예의가 승부보다 더 중요했다.

예의를 따졌으므로 규칙도 따졌다. 첫째, 사신을 죽이지 않았다. 지위 고하를 막론하고 사신은 언제나 신성불가침의 존재였다. 둘째, 험준한 지형을 이용해 승리를 취하려 하지 않았다. 반드시 활짝 트인 곳에서 정정당당하게 결전을 벌였다. 셋째, 상대가 진용을 다 갖추기 전까지는 북을 울려 진군하지 않았다. 넷째, 싸움을 벌일 때 똑같은 상대에게 거듭 상처를 입히지 않았다. 만약 상대방이 이미 부상을 당했으면 어디를 다쳤든 더 가격하지 않고 돌아가 치료를 받게 했다. 다섯째, 머리가 희끗희끗한 사람은 포로로 잡지 않고 돌아가 여생을 보내게 했다. 여섯째, 적이 패퇴하면 쫓지 않았다. 혹시 쫓더라도 50보가 한계였다. 그래서 춘추 시대에는 50보를 도망친 사람이 100보 도망친 사람을 비웃을 수 있었다. 50보만 도망치면 안전한데 왜 100보나 도망친단 말인가?

이러한 신사도는 올림픽에 비견될 만하다.

이 게임의 규칙들은 누가, 언제 정한 것일까? 알 수 없다. 이것들은 다 엄격히 준수되었을까? 꼭 그렇지는 않았다. 하지만 이 규칙들은 확실히 전국 시대에 가서는 깡그리 사라져버렸다. 전국 시대의 전쟁의 목적은 다른 나라의 겸병이었으므로 당연히 눈 하나 깜짝 않고 대규모 학살과 파괴를 감행했다. 춘추 시대는 그렇지 않았다. 전쟁의 목적이 좋게 말하면 국제질서를 유지하고 세계평화를 지키기 위해서였고 조금 나쁘게 말하면 강호의 큰형님이 되기 위해서였다. 그런데 모름지기 큰형님은 덕으로 사람들을 따르게 하고 솔선수범해야 하며 무리하게 일을 처리해서는 안 된다. 그래서 전쟁도 자연히 포진布陣은 축구경기 같고, 선전포고는 손님초대 같고, 싸움은 스포츠 같았다. 너무 점잖고 페어플레이밖에 몰랐으며 심해봤자 양보를 안 하고 버티는 정도였다.

전사의
자격

춘추 시대와 전국 시대는 전사도 달랐다.

어떻게 달랐을까?

춘추 시대의 전사는 군자, 전국 시대의 전사는 소인이었다.

여기에서의 군자와 소인은 계급적 의미에서의 군자와 소인이다. 바꿔 말해 군자는 '사士', 즉 귀족을 뜻하고 소인은 '서인庶人', 즉 평민을 뜻한다. 전쟁에 참가하면 귀족은 '사士', 평민은 '졸卒'이라 불렸다. 사는 참전도 하고 전투도 벌였으므로 '전사戰士'라고 불렸지만 졸은 참전은 하되 전투는 안 하고 뒤따라 뛰어다니기만 했으므로 '주졸走卒'이라 불렸다. '주走'는 고문에서 뛴다는 뜻이었다. 이처럼 전사와 주졸은 서로 전혀 달랐다.

사실 사와 졸의 지위는 예로부터 차이가 컸다. 어느 문자학자는 사가 '왕王' '황皇'과 마찬가지로 사람이 반듯하게 앉아 있는 모양이며 단지 왕과 황은 머리 부분이 더 클 뿐이라고 말했다.[13] 실제로 사는 '면류관 없는 왕無冕之王'이었다. 그들은 귀족으로서 천자, 제후, 대부처럼 성년이 되면 관冠을 써야 했다. 공자의 제자 자로가 차라리 죽을지언정 관을 벗지 않은 것은 사의 신분을 잃지 않겠다는 의지의 표현이었다. 다만 사는 관을 썼을 뿐인데 반해 천자와 제후와 대부는 관뿐만 아니라 면류관을 쓰고 왕이나 황제가 되었다.

졸은 이와 달랐다. 문자학자들은 졸이 어떤 옷을 입은 사람들이었다는 데에 의견을 같이한다. 그 옷에는 표시가 있었으며 심지어 '졸卒' 자를 써서 그들이 노역과 허드렛일을 하는 사람, 즉 소인임을 나타냈다.

갑골문의 '사士'   갑골문의 '졸卒'

따라서 사는 귀족, 신사紳士 같은 고귀한 이들이었고 졸은 옥졸, 심부름꾼 같은 비천한 이들이었다. 말을 따르던 졸병인 '마전졸馬前卒'은 그 글자만으로 그들이 어떤 사람이었는지 잘 설명해준다. 전장에서 사는 갑옷을 입어 '갑사甲士'라고도 했으며 수레를 타고 전투를 벌였다. 그러나 졸은 갑옷 없이 헝겊 옷만 입고 말의 앞뒤에서 뛰어다 **088**

13 쉬중수徐中舒의 「사, 왕, 황, 이 세 글자의 기원 탐색士王皇三字之探源」 참고.

녔다. 중국 장기의 장將, 사仕, 상相, 마馬, 차車, 포炮, 졸卒은 바로 이런 군사제도를 구현하였다. 졸은 가장 낮은 계급이며 사는 장 바로 밑이다. 장은 대부이고 사仕는 곧 사士다. 수레를 타는 사는 걷고 뛰는 졸보다 고귀했다.

요컨대 춘추 시대에 사는 참전도 하고 전투도 했지만 졸은 참전은 하되 전투는 하지 않았다. 전사는 고귀하고, 존엄하고, 긍지가 있고, 자부심이 강했다. 그리고 군주든 대부든 일반적인 사든 전장에 나가기만 하면 모두 전사였다. 그래서 귀족 남자가 종군을 할 수 없으면 그것은 크나큰 수치였다. 이와 반대로 평민이 전사가 되는 것은 일생일대의 영광이었다. 물론 그들은 대단히 뛰어난 인물이어야 했으며 단지 농민들 중에서 선발되었다. 장인과 상인은 자격이 없었다.[14]

훌륭한 남자만 전사가 될 수 있었다. 전쟁은 귀족들의 게임이었다.

이것이 곧 춘추 시대의 관념이었다.

귀족이라면 귀족 정신과 군자의 품격을 가져야 했다. 이 정신과 품격 앞에서는 상급자와 적조차 존경하고 경의를 표했다. 앞에서 이미 초왕과 극지가 언릉대전에서 서로 예의를 나눈 것을 서술한 바 있다. 마찬가지로 같은 전쟁에서 진나라의 한 군자도 초나라 장군에게 경의를 표했다. 그 군자는 중군中軍 사령관 난서欒書의 아들 난침欒鍼으로서 당시 창을 들고 군주의 오른편을 지키는 호위대장이었다.[15] 그리고 초나라의 장군은 자중子重이었다. 이미 여러 차례 군대를 이끌고 원정에

---

14 『국어』 「제어齊語」 참고.
15 고대 전투에서 수레를 타던 방법을 보면 존귀한 사람이 왼쪽에, 수레 모는 사람은 가운데에, 호위하는 사람은 오른쪽에 탔다. 이 오른쪽 사람은 전시에는 거우居右, 평상시에는 참승驂乘이라 불렸다. 『한서漢書』 「문제기文帝紀」 안사고顏師古 주 참고.

나서본 초나라의 명장이었다. 언릉대전에서도 그의 깃발은 드높이 휘날렸다.

난침은 자중의 깃발을 보고 마음이 숙연해졌다. 그는 군주에게 말했다.

"예전에 소신이 초나라에 사신으로 갔을 때 자중이 소신에게 진나라의 용감함에 대해 물은 적이 있습니다. 소신은 질서정연함이라고 답했습니다. 그는 다른 것은 더 없느냐고 또 물었고 소신은 온화함과 침착함이라고 답했습니다. 지금 두 나라가 교전을 벌이고 있는데 만약 예를 표하지 않으면 질서정연하지 못하게 되며, 말을 못 지키면 온화하고 침착하지 못하게 될 것입니다. 청컨대 군주께서는 소신이 사람을 보내 술을 선물하도록 윤허해주십시오."

진나라 군주는 난침의 청을 받아들였고 곧 난침의 사신이 자중의 진영에 당도했다. 사신이 난침의 말을 전했다.

"폐국에 인재가 부족하여 과군께서는 부득이하게 이 난침을 호위로 삼고 계십니다. 공무로 인해 제가 직접 가서 장군의 부대를 위로하지 못하고 대신 사람을 보내 술을 바치오니 용서해주십시오."

자중은 허리를 숙여 답례했다.

"난침 대인은 정말 기억력이 좋으시군요. 그 옛날 나눈 이야기를 아직까지 잊지 않으셨다니."

그는 잔을 받아 술을 한 입에 털어 넣은 뒤, 다시 북채를 들고 북을 두드리기 시작했다.

한마디 덧붙이자면 이 날 자중은 새벽부터 저물녘까지 전투를 벌였다.

바로 이런 사람이 군자였다.

고귀한
정신

이른바 군자는 본래 계급과 출신을 뜻했지만 세월이 흐르면서 강직하고 공명정대하며 정의롭고 서로를 존중하는 정신으로 바뀌었다. 그리고 그 핵심은 고귀함이었다. 이 정신은 고대의 전쟁에서 두드러지게 표현되었으며 일종의 세계성을 띠었다.

고대 그리스를 예로 들어보자.

페르시아인의 눈에 비친 그리스인은 고집스럽고 어리석으며 황당무계했다. 그들은 언제나 넓고 평탄한 지역을 골라 진영을 잘 갖춘 뒤, 서로 전령을 보내 선전포고를 한 뒤에야 전투를 개시했다. 이런 관습은 춘추 시대 국가 간의 전쟁 양상과 완전히 일치한다. 전투할 때 양쪽 모두 숨거나 피할 곳이 없었기 때문에 자연히 어느 쪽도 피해를 면하기 어려웠다. 그래서 승리한 쪽도 얻은 것보다 잃은 것이 더 많은 경우가 허다했다. 이에 대해 한 페르시아 장군은 다음과 같이 의문을 표시했다.

"당신들은 서로 말도 통하고 전령을 보내 선전포고도 하면서 왜 협상을 하지 않는가? 그리고 굳이 전쟁에 호소할 수밖에 없다면 왜 자기 쪽에 유리한 지형을 찾지 않는가?"

그러나 페르시아인도 그리스인과 크게 다르지 않았다. 기원전 479년 8월, 페르시아와 그리스의 군대가 플라타이아이 평원에서 결전을 벌였다. 이때 페르시아인은 먼저 도착해 아소포스 강 북쪽 연안에 진을 펼쳤다. 그런데 30여 개 폴리스의 병사들로 이뤄진 그리스 연합군은 병력의 집결이 늦어서 전투 개시 전까지 계속 병사들이 삼삼오오 합류했다. 그런데 그리스군이 이처럼 전열이 흐트러진 상태인데도 강력한 페르시아군은 꼼짝도 하지 않았다. 그리스군이 11만 명의 대오를 다 갖춘 뒤에야 페르시아 사령관은 공격 명령을 내렸다. 이것은 "상대가 진용을 다 갖추기 전까지는 북을 울려 진군하지 않는다"는 춘추 시대 전쟁의 규칙과 완벽하게 일치한다.

결국 플라타이아이 전투는 페르시아군의 참패로 끝났다.

이 사례는 기원전 638년의 홍수泓水전투를 상기시킨다. 초나라와 송나라가 홍수에서 부딪친 이 전투는 플라타이아이 전투보다 150년 먼저 벌어졌다. 당시 송나라군도 전장에 먼저 도착해 진을 다 펼친 상태였다. 그런데 초나라군이 강을 건너기 전에도, 그리고 강을 건넌 후에도 송 양공襄公은 공격 명령을 내리지 않았다. 초나라군이 진용을 완벽하게 갖춘 뒤에야 비로소 북을 울렸다. 그 결과, 송나라군은 대패했고 양공은 이때 입은 부상으로 인해 이듬해 사망했다.

패전 후, 송나라인들은 입을 모아 양공을 비난했지만 양공은 후회하지 않았다.

"다친 상대를 또 다치게 하지 않고 진용을 다 못 갖춘 상대를 공격하지 않으며 험준한 지형을 이용해 승리를 취하지 않는 것은 전쟁의 규칙이다. 이 규칙을 지키지 않으면 군자가 아니다. 과인이 비록 옛날에 나라를 잃은 상나라의 잔재(송나라는 본래 상나라 주왕紂王의 배다른 형인 미사계微子啓가 시조인, 상나라의 후예국이다)에 불과하다고는 하나 그런 치사한 짓은 할 수 없다."

알고 보면 송 양공만 이런 생각을 했던 것은 아니다.

알렉산더 대왕을 예로 들어보자.

마케도니아의 국왕 알렉산더는 "나는 승리를 훔치지 않는다"라는 명언을 남겼다. 기원전 331년 가우가멜라 전투 전야에 그는 페르시아군 진영을 기습하자는 건의를 물리쳤다. 귀족 정신과 군자의 품격을 가진 고대의 군인에게 전쟁은 고상하고 영예로운 일이었으므로 반드시 정정당당하게 치러져야 했다. 상대방의 위기에 편승하는 것은 정의롭지 못하다고 여겨졌다. 그런 행위는 규칙의 위반일 뿐만 아니라 승리해도 빛이 안 났다.

나중에 알렉산더는 그 결정에 대한 보답을 얻었다. 기원전 326년,

가우가멜라 전투가 있은 지 5년 뒤에 그는 인도의 히다스페스 강에서 포루스 왕과 조우했다. 당시 알렉산더가 이끌던 군대는 기병이었으며 오랜 원정 때문에 지칠 대로 지쳤고 지형과 풍토도 낯설었다. 이에 반해 포루스 왕의 군대는 코끼리부대였고 힘을 비축할 대로 비축한 상태였기 때문에 승부는 이미 정해진 것이나 다름없었다.

그러나 포루스 왕은 그 전의 송 양공과 페르시아 사령관처럼 절호의 기회를 스스로 흘려보냈다. 마케도니아군이 강을 건너고, 재집결하고, 휴식을 취하고, 진용을 갖추는 과정을 끈질기게 다 기다려주고 전투를 개시했다. 그 결과는 인도군의 패배였으며 포루스 왕도 포로가 되었다.

순수한 것인지 멍청한 것인지 모를 이 포루스 왕은 인도의 송 양공이라 불릴 만하다.

그러나 이 '인도의 송 양공'은 알렉산더처럼 보답을 얻었다. 알렉산더는 그에게 왕의 예우를 해주고 계속 자기 나라를 다스리게 해주었다. 그것은 포루스 왕이 건장한 몸과 수려한 외모뿐만 아니라 전사의 용맹함과 고귀함을 갖고 있었기 때문이다. 알렉산더는 바로 그 정신에 반해 진심으로 호의와 존경을 표시한 것이다.

그것은 곧 왕자王者의 풍모였다.

인도의 카스트제도에서 국왕과 전사는 '크샤트리아'라는 두 번째 계급에 속했다. 고귀한 계급이었기에 크샤트리아는 당연히 고귀한 풍모를 보여야 했다. 그래서 브라만교의 『마누법전』에는 심지어 전쟁 중에는 '간교한 병기'를 써서는 안 된다는 규정까지 있었다. 그리고 춘추시대에 "다친 상대를 또 다치게 하지 않고" "머리가 희끗희끗한 사람은 포로로 잡지 않았던" 것처럼 그들도 약자에 대한 공격을 삼갔다. 그 약자에는 유부녀, 아동, 노인, 장애인, 부상자뿐만 아니라 포로, 도망병, 겁쟁이, 방관자에다 갑옷과 무기가 없거나 잠자고 있는 사람까지 포함되었다. 이런 규칙을 어긴 사람은 멸시와 저주를 받고 천국에 들어갈 수 없었다.

사람에게는 어떤 정신이 있어야 한다. 그래서 귀족은 귀족 정신이 있어야 했다. 이 정신은 이제 전 세계에서 거의 자취를 감추었지만 어쨌든 한때는 존재했다. 그렇다. 한때는 존재했다. 그리스에, 페르시아에, 인도에, 마케도니아에, 그리고 중국에 존재했다.

송 양공은 결코 외롭지 않았다.

송 양공과
자어

그러나 온화하고 자비로우며 신사의 품격을 지닌 송 양공은 실제로
는 선인이 아니었던 것 같다. 『이중톈 중국사2-국가』 중 상나라의 인
간 제물 풍습에 관한 부분에서 그 풍습이 주나라에 의해 폐지되었
는데도 나중에 소국의 군주가 살해되어 제물로 바쳐졌다는 이야기가
다뤄진 바 있다. 그 일은 당시 혹독한 비판을 당한 듯하다. 『좌전』의
기술도 명확하게 반대 입장에 서 있다.[16]

그 피비린내 나는 사건의 주모자는 바로 송 양공이었다.

이런 사실을 감안하면 송 양공은 무슨 '휴머니스트'가 아니었고 군
자는 더더욱 아니었던 셈이다.

그렇다. 그는 이른바 '망국의 후예'로서 상나라의 전통을 잇기 어려
웠다. 그러나 송나라의 대부 자어子魚는 똑같이 상나라의 후예인데도
결코 양공의 생각에 동의하지 않았다. 그는 양공이 재위에 있던 14년

097

---

16 이 일은 『좌전』 희공 19년 참고.

동안 한결같이 '반대파' 역할을 했다. 조鄭의 회맹會盟에서 송 양공이 증鄫나라 군주를 죽여 토지신의 제물로 바치려 할 때도, 홍수전투에서 송 양공이 "상대가 진용을 다 갖추기 전까지는 북을 울려 진군하지 않는다"는 원칙을 고집할 때도, 노 희공僖公 19년의 조鄭나라 포위와 22년의 정나라 정벌도 그는 당연히 반대했다. 사실 송 양공의 일거수일투족은 모두 중원을 제패하는 데 목적이 있었기 때문이다. 자어가 보기에 그것은 미친 망상이나 다름없었고 그래서 언젠가 이렇게 말했다.

"군주의 야심은 참으로 크다. 이 작디작은 송나라가 어찌 감당할 수 있겠는가!"[17]

역사는 자어가 옳았음을 증명했다.

홍수전투가 일어나기 1년 전인 기원전 639년, 송 양공은 제후들을 모아놓고 초나라에 종속된 나라들이 방침을 바꿔 자기를 맹주로 받들어주기를 희망했다. 이때 초나라는 속으로 비웃으면서도 겉으로는 그렇게 하라고 동의했다. 그해 가을, 양공은 다시 제후들을 소집하고 한 번 제대로 큰형님 노릇을 하러 갈 준비를 했다.

자어는 이번에도 당연히 반대였다. 반대해도 소용이 없자, 그러면 군대라도 거느리고 가라고 했다. 그러나 송 양공은 또 샌님 기질이 발동했는지, 아니면 이제 맹주가 됐으니 더 군자다워야 한다고 생각했는지 대뜸 이렇게 말했다.

17 『좌전』 희공 21년 참고.

"어떤 제후도 군대를 데려오지 않기로 얘기가 되었소. 내가 제안한 규칙을 어떻게 내가 깰 수 있단 말이오?"

결국 송 양공은 그 맹회盟會에서 초나라의 포로가 되었다.[18]

양공은 그제야 제정신이 들었다. 송나라를 구할 사람은 자어밖에 없다는 것을 확실히 깨달았다. 사실 자어는 진즉에 송나라의 군주가 될 수도 있었다. 양공의 배다른 형이었던 그는 서자였던 탓에 태자 책봉을 받지 못했다. 송 환공桓公의 병이 위중했을 때, 당시 태자였던 양공은 아버지 환공에게 자기 대신 자어에게 군주의 자리를 물려줄 것을 건의했다. 그 이유는 자어가 더 나이가 많고 인의仁義가 있기 때문이라고 했다. 환공은 그의 건의를 받아들였다. 그러나 자어는 이 소식을 듣자마자 즉시 뺑소니를 쳤다. 자어의 논리는 이러했다.

"아우는 군주의 자리까지 양보했으니 이보다 더 인의가 있는 사람이 어디 있겠는가?"

양공은 그제야 군주가 되었다.[19]

지금 포로가 된 송 양공은 자어에게 나라를 부탁하며 말했다.

"형님, 어서 돌아가 나라를 지켜주시오. 이 나라는 형님의 것이오. 과인은 충언에 귀를 기울이지 않아 이 꼴이 되고 말았소!"

자어는 말했다.

"군주께서 말씀 안 하셔도 나라는 소신의 것입니다."

---

18 『공양전』 희공 21년 참고.
19 이 일은 『좌전』 희공 8년 참고.

그는 곧바로 귀국해 전비戰備를 강화했다. 송나라의 백성들도 한마음 한뜻으로 초나라의 공격을 맞이할 채비를 했다. 이때 초나라가 송나라에 말을 전했다.

"협조하지 않으면 너희 군주를 죽이겠다."

이에 송나라는 답했다.

"미안하지만 조상들이 보우하사 우리에게는 군주가 생겼다."

협박이 통하지 않자 초나라는 할 수 없이 양공을 풀어주었다. 자유의 몸이 된 양공은 곧 위衛나라로 갔다. 그곳에서 남은 생을 보낼 생각이었다. 그러나 자어는 "이 나라를 소신이 누구를 위해 지켰는데 군주께서는 돌아오지 않으십니까?"라고 하며 양공을 송나라로 맞이했다.

이 감동적인 이야기는 『춘추공양전春秋公羊傳』(이하 『공양전』)에 실려 있지만 『사기』에는 기록이 없어서 사실인지는 알 길이 없다. 게다가 송 양공은 귀국 후에도 교훈을 얻지 못하고 그 이듬해에 초나라의 동맹국인 정나라를 토벌한 끝에 홍수에서 초나라군과 싸우다가 부상을 입어 죽고 말았다.

『공양전』의 이야기가 만약 사실이라면 양공과 자어는 당시 가장 훌륭한 군신이자 형제였다고, 아니면 적어도 그런 군신이자 형제 중 하나였다고 할 만하다.

이것은 매우 중요한 사실이다. 춘추 시대에, 나아가 중국의 고대에 군신은 가장 중요한 관계였고 군신의 의리는 가장 큰 의리였다. 춘추 시대에 그것은 심지어 나라의 구분도 초월했다. 전쟁 중에 다른 나라의 신하가 적국의 군주를 봐도 신하의 예를 지키고 어느 정도 양보를 해야 했다. 예를 들어 언릉대전에서 진나라의 하군下軍 사령관 한궐韓厥과 신군新軍 부사령관 극지는 둘 다 초나라의 동맹국 군주 정鄭 성공成公을 포로로 잡을 기회가 있었지만 포기했다. 한 나라의 군주에게 치욕을 안길 수는 없기 때문이었다. 정 성공의 호위대장은 무예가 뛰어난 부하를 정 성공의 수레에 남겨 호위를 맡긴 뒤, 자신은 적진으로 돌진하여 군주의 철수를 엄호하다가 장렬히 전사했다.[20]

그들이야말로 춘추 시대의 전사였다. 그들에게는 훌륭한 신하가 되는 것이 훌륭한 전사가 되는 것보다 더 중요했다. 달리 말한다면 훌륭한 전사는 먼저 훌륭한 신하가 돼야 했다. 물론 훌륭한 총사령관 역시 먼저 훌륭한 군주가 돼야 했다. 이 점을 이해하지 못하면 춘추 시대 인물들의 풍모와 품격을 알아볼 수 없다.

101

20 이 일은 「좌전」 성공 16년 참고.

사광은 말했다.
하늘은 백성을 자식처럼 사랑합니다.
따라서 하늘이 백성을 위해 군주를 세우는 것은
백성의 머리 위에서 횡포를 부리라고 세우는 것이 아닙니다.

노인장은
물러나시오

언릉대전의 전장에는 늪이 있었다.

상당한 크기의 그 늪이 진영 앞을 가로막고 있었기 때문에 진나라 군은 조심조심 돌아서 지나다녀야 했다. 당시 중군 사령관 난서와 부사령관 범섭范燮은 자신들의 병사를 이끌고 각기 왼쪽과 오른쪽에서 군주를 호위했다. 그리고 군주의 수레를 모는 사람은 소의少毅였으며 군주 옆을 지키는 호위대장은 난침이었는데 그만 늪에 수레가 빠지고 말았다.

중군 사령관이자 진나라의 대신으로서 난서는 당연히 수수방관하고 있을 수가 없었다. 서둘러 달려가서 군주를 자기 수레로 옮기려 했다.

이때 난침이 고함을 질렀다.

"난서는 물러나시오!"

난침은 계속 분개한 어조로 말했다.

"국가의 대사를 어찌 독차지하려는 것이오! 당신은 다른 사람의 직권을 침범하고 자신의 직무를 방기했으며 자기 위치를 벗어나 이곳까지 왔으니 벌써 세 가지 죄를 지었소. 그런데도 더 죄를 지으려 하시오?"

그래서 난서는 즉시 물러났다.

난침은 군주의 수레에서 뛰어내려 힘껏 그것을 들어 올려 늪에서 빼냈다.[1]

언릉대전의 사소한 에피소드에 불과한 이 사건이 정식으로 사서에 기록된 것은 사실 깊은 의미를 갖는다. 난서는 중군 사령관이었을 뿐만 아니라 난침의 아버지였다. 아랫사람이 윗사람을 공개적으로 비판하다니 이것은 불충이 아닌가? 또한 아들이 아버지의 이름을 불러대며 꾸짖다니 이것은 불효가 아닌가?

사실은 정반대였다.

난침의 행동은 예의와 도리에 정확히 부합했다. 첫째, 그 일은 군주 앞에서 벌어졌다. 군주 앞에서는 아버지와 아들의 구분이 없었다. 누구나 군주 앞에서는 서로의 이름을 불러야 했다.[2] 이 규칙은 청나라까지 이어졌다. 둘째, 만약 난서가 군주를 자기 수레로 옮겼다면 더 이상 사령관의 직무를 수행할 수 없었을 것이다. 그것은 당연히 직무상 과실이다. 셋째, 난침의 직책은 이른바 '거우車右'였으니 창을 들고

---

1 이 일은 『좌전』 성공 16년 참고.
2 『예기』 「곡례상曲禮上」: "君前臣名"

군주의 오른쪽에 서서 비상사태에 대응하는 것이었다.[3] 난침이 해야 할 일을 어떻게 난서가 주제넘게 대신 한단 말인가? 그것은 쓸데없는 참견으로서 명백한 월권 행위였다.

이로써 "군주는 인자하고 신하는 충성스러우며 아버지는 자애롭고 자식은 효성스러운君仁臣忠, 父慈子孝" 것에도 선후가 있다는 것을 알 수 있다. 공과 사를 다 온전히 할 수 없으면 선공후사先公後私이고 충과 효를 다 온전히 할 수 없으면 선충후효先忠後孝인 것이다. 군주 앞에서 아버지는 뒤로 물러나야 했다. 나아가 아들이 충성을 다하게 하기 위해 아버지가 목숨을 바치는 일까지 있었다.

호돌狐突이 바로 그러했다.

호돌은 진 문공 중이重耳의 외조부이며 진 헌공獻公 때 태자 신생申生의 수레를 몰았다. 헌공이 죽고 군주가 된 사람은 혜공惠公이며 혜공은 14년 간 나라를 다스린 뒤, 송 양공과 같은 해에(송 양공은 기원전 637년 4월에, 진 혜공은 9월에 사망했다) 세상을 떠났다. 이어서 그의 자리를 물려받은 사람은 아들 회공懷公이다. 회공은 당시 진나라의 민심이 공자 중이에게 쏠려 있다는 것을 잘 알고 있었다. 그리고 중이는 오랫동안 나라 밖을 떠돌면서 호돌의 아들 호모狐毛와 호언狐偃의 보좌를 받고 있었다. 회공에게는 실로 마음속의 우환이 아닐 수 없었다.

그래서 회공은 호돌을 인질로 잡고서 회유했다.

"네 자식들을 불러들이면 죽음을 면케 해주마."

---

3 『한서』「문제기」 안사고 주와 『곡량전』 성공 5년 주 참고.

진 헌공의 자손

장남	신생	모母: 제강		여희의 핍박으로 자살
차남	중이	모: 호희 외조부: 호돌	진 문공	혜공 사후에 회공을 밀어냄
삼남	이오	모: 호희의 여동생	진 혜공	해제와 탁자의 피살 후 즉위
사남	해제	모: 여희		이극里克에게 피살
오남	탁자	모: 여희의 여동생		이극에게 피살
손자	어圉	부: 이오	진 회공	혜공 사후에 즉위했으나 도주 후 피살

　그러나 호돌은 원칙을 들어 이를 거절했다.

　"군주와 신하의 관계는 마음대로 맺을 수도, 바꿀 수도 없습니다. 누군가의 신하가 되려면 먼저 자신의 이름을 간책簡策(대쪽을 엮어 만든 책)에 적으니 이를 '책명策名'이라 하고, 그 다음에는 군주에게 예물을 바치니 이를 '위질委質'이라 합니다. 이 두 가지는 모두 신하가 되겠다고 맹세하는 것일 뿐더러 일단 군신의 관계를 맺은 이상 영원히 충성을 다하고 두 마음을 품지 않겠다는 뜻을 나타냅니다."

　확실히 춘추 시대에는 공사公私와 군신이라는 두 가지 관계가 존재했으며 군신의 관계가 공사의 관계보다 높고 중요했다. 주군에게 충성을 다하지 못하면 나라에도 충성을 다할 수 없었기 때문이다. 따라서 먼저 군주에 충성을 다한 뒤에 나라에 보답해야 했다. 그 군주가 지금 제후가 아니라 갈 곳 없이 천하를 떠도는 신세여도 마찬가지였다. 이것이 바로 호돌 등이 갖고 있던 주류 관념이었다.

그래서 호돌은 또 말했다.

"자식 된 자가 중대한 임무를 맡을 수 있는 것은 애비 된 자가 충성을 가르쳤기 때문입니다. 신의 두 자식은 중이의 신하가 된 지 이미 오래되었습니다. 만약 신이 그들을 불러들인다면 그것은 배반을 교사하는 겁니다. 애비 된 자가 자식에게 배반을 교사한다면 무엇으로 군주에게 충성을 다하겠습니까? 만약 신을 죽이지 않으신다면 그것은 군주께서 슬기롭기 때문이며 동시에 신의 바람이기도 합니다. 반대로 형벌을 남용하여 함부로 위신을 세우신다면 죄인 아닌 사람이 누가 있겠습니까? 신은 그저 명령에 따르겠습니다."

회공은 즉시 그를 죽였다.

애석하게 회공의 이 조치는 호돌의 신념을 더 빛나게 해주었을 뿐 그 자신의 운명을 바꾸지는 못했다. 이듬해 봄, 공자 중이는 진秦나라 군대의 호위를 받으며 귀국해 진 문공이 되었다. 이를 위해 제후들은 맹회를 열었는데 그 맹회의 주재자는 바로 호돌의 아들이자 중이의 외삼촌인 호언이었다. 회공은 중이가 귀국 여정에 오른 지 얼마 안 되어 도읍을 탈출했다가 나중에 피살되었다. 그의 재위 기간은 겨우 서너 달에 불과했다.[4]

---

[4] 이 일은 『좌전』 희공 23년 참고.

진나라의
궁정 투쟁

회공이 진나라의 군주가 된 것은 본래 역사의 장난으로 빚어진 결과다.

　진 회공은 진 혜공의 아들이자 진 헌공의 손자다. 진 헌공은 여자가 많았고 아들도 많았다. 첫 번째 부인인 가賈나라의 공주는 아들을 못 낳았지만 제강齊姜은 신생을, 호돌의 딸 호희狐姬는 중이를, 호희의 여동생은 이오夷吾를, 여희驪姬는 해제奚齊를, 여희의 여동생은 탁자卓子를 낳았다. 이 여인들 중 가장 심기가 깊은 여인은 여희였다. 그녀는 자기 아들을 후계자로 만들기 위해 갖가지 음모를 꾸몄다. 그 결과, 태자 신생은 핍박을 받아 자살했고 중이와 이오는 차례로 망명길에 올랐으며 끝내 해제가 태자로 세워졌다. 여희는 목적을 이룰 수 있을 듯했다.

109　하지만 애석하게도 반대하는 이들이 있었다.

당시의 조정 중신은 순식苟息과 이극里克과 비정丕鄭이었다. 이극은 본래 태자 신생을 지지했고 신생이 죽은 뒤에는 몰래 중이를 지지했지만 표면적으로는 중립이었다.[5] 그리고 비정은 이극과 한편이었다. 헌공과 여희가 의지할 수 있는 이는 순식뿐이었다. 더군다나 순식은 능력이 있었다. 우虞나라에게 길을 빌려 괵虢나라를 치면서 결국 순망치한脣亡齒寒의 교훈을 안기며 우나라를 멸망시킨 것도 순식의 솜씨였다.

그래서 진 헌공은 죽음을 앞두고 순식에게 아들을 부탁했다.

"대부에게 내 어린 자식을 맡기려 하는데 대부의 생각은 어떠하오?"

순식은 바닥에 머리를 조아리며 말했다.

"소신은 오직 한마음으로 충성을 바쳐 견마지로犬馬之勞(아랫사람이 윗사람에게 바치는 노력)를 다해 고굉지신股肱之臣(임금이 가장 믿고 중히 여기는 신하)이 되겠습니다. 만약 성공하면 그것은 군주의 영령이 보우해주신 덕일 겁니다. 반대로 실패하면 스스로 목숨을 끊겠습니다."

그것은 장엄한 맹세였기에 당연히 지켜야만 했다. 그런데 진 헌공이 죽은 지 겨우 한 달 만에 이극의 쿠데타가 일어났다.[6] 본래 이극은 사전에 그 계획을 순식에게 통보하며 말했다.

"해제가 군주가 되면 민심을 얻지 못할 것이오. 태자 신생과 공자 중이, 공자 이오의 옛 수하들은 이미 분노가 극에 달했소. 하늘의 진

노와 사람들의 원망이 겹쳐 변란이 일어나기 직전인데 대부께서는 어찌할 작정이오?"

순식은 말했다.

"죽음을 택하겠소!"

"죽는다고 무슨 소용이 있단 말이오? 대부가 죽어서 그 아이가 무사히 군주의 자리를 이어받을 수 있다면야 모르지만, 그럴 수 없다면 구태여 죽을 필요가 있겠소?"

"나는 선군先君에게 이미 맹세를 했으니 신용을 지켜야 하오. 어찌 약속을 지키지 못하고 목숨도 보존할 수 있겠소? 따라서 내 죽음이 아무 도움이 안 되더라도 나는 달리 피할 구석이 없소이다. 그리고 누구나 자기가 옳다고 믿는 일을 하게 마련이오. 이 점에 있어서는 누구도 나보다 낫다고 하기 어려울 것이오. 기왕에 내 자신이 충성의 뜻이 확고한 이상, 누가 다른 사람에게 충성을 바치는 것 역시 막을 수 없는 노릇이오."

이극은 순식이 충성을 다하려 할 뿐 꼭 전력을 기울일지는 불확실하다는 것을, 심지어 기울일 만한 힘이 없을 수도 있다는 것을 알아챘다. 사실 순식의 말은 이극의 쿠데타를 막지 않겠다는 뜻을 내포하고 있기도 했다. 왜 막지 않는지는 그럴 만한 힘이 없어서일 수도 있고 이극의 충성심을 존중하는 것일 수도 있었다. 어쨌든 순식의 태도는 "각자 주군을 위해 자신의 직분을 다할 뿐 성패는 하늘의 뜻에 달렸다"로 요약된다.

순식의 태도를 파악한 뒤 이극은 즉시 행동에 착수했다. 그해 10월, 그가 모옥茅屋에서 상을 치르던 해제를 살해하자 순식도 따라서 자결할 준비를 했다. 그런데 이때 누가 순식에게 타일러 말했다.

"해제의 동생 탁자를 군주로 세우고 힘껏 보좌하십시오. 그렇게 하면 맹세를 지킨 셈이 되지 않겠습니까."

그래서 순식은 탁자를 군주로 옹립하고 진 헌공을 안장했다. 그러나 11월에 이극은 조정에서 탁자도 살해해버렸다. 더 어찌할 수 없게 된 순식은 결국 스스로 목숨을 끊었다.

해제와 탁자가 연이어 피살되자 군주가 될 자격이 있는 사람은 중이와 이오만 남았다. 이때 주나라 천자는 이미 권위를 거의 잃은 상태였다. 누가 진나라의 군주가 될 지는 대국大國의 의중에 달려 있었으며 대국들 중 발언권이 있는 나라는 제나라와 진秦나라였다. 하지만 대국이 지지하는 군주일지라도 안정적으로 정권을 유지하려면 조정 대신들의 의견을 살펴야 했다. 당시 조정 대신들 중 발언권이 있는 인물은 이극과 비정이었다. 결국 군주 자리가 누구에게 돌아갈지는 이 두 대국과 두 대신에게 달려 있었다.

그래서 이오는 사람을 보내 이극에게 뇌물을 주고 분양汾陽의 땅을 주겠다고 약속하는 한편, 진나라에도 사람을 보내 하서河西의 땅을 주겠다고 약속했다. 진秦 목공穆公은 찾아온 그 사람에게 물었다. **112**

"이오는 나라 안에서 누구의 지지를 받는가?"

그 사람은 답했다.

"공자님은 지지자도 없고 반대파도 없습니다. 게다가 어려서부터 성격이 내성적이었습니다."

이 말을 듣고 목공은 그런 고립무원의 쓸모없는 인물이 진晉나라의 군주가 되면 진秦나라에 유리할 것이라고 판단해 군대를 파견하여 이오의 귀국을 돕게 했다.

그 당시 중원의 패자는 제齊 환공桓公이었다. 진나라에 내란이 발생하자 환공은 제후들과 연합해 진나라에 군대를 보냈다. 그래서 제나라가 맨 앞에 나서고 진秦나라가 그 뒤에 선 형국으로 제후들이 함께 이오를 군주로 세웠으니 그가 바로 진 혜공이었다. 이극은 본래 중이를 세우려 했지만 중이의 거절로 인해 어쩔 수 없이 이오를 받아들였다.[7]

이오는 뜻밖의 큰 행운을 거머쥔 셈이었다.

그의 아들 회공이 나중에 서너 달 군주 행세를 한 것은 작은 행운 혹은 불행이었다.

그것은 기원전 651년의 일이었다. 바로 그 해에 송 양공도 즉위했다. 송 양공과 진 혜공은 같은 해에 즉위하고 같은 해에 세상을 떠났으니 난형난제難兄難弟라 할 만하다. 그러나 달랐던 점을 보면, 송 양공은 즉위 후 자어를 중용하여 송나라의 국력을 크게 증진시켰다. 그의

113

---

7 이 일은 『좌전』 희공 9년과 『국어』 「진어이」, 『사기』 「진세가」 참고.

잘못은 외교에 있었지 내치에 있지 않았다. 반면에 진 혜공은 외교도 내치도 다 엉망이었다. 그의 아들 회공이 나중에 비명횡사한 것도 알고 보면 그의 실책 때문이었다.

하지만 회공은 결코 첫 번째 수난자가 아니었다. 사실상 헌공부터 문공까지 진나라에서는 궁정 투쟁이 끊이지 않았고 사상자도 계속 발생했다. 가장 먼저 억울하게 죽은 사람은 태자 신생이었으며 그 다음에는 해제, 세 번째는 탁자가 뒤를 이었고 순식은 네 번째였다. 게다가 순식의 시신이 다 식기도 전에 다섯 번째 사람의 차례가 되었다.

그 사람은 바로 이극이었다.

다시 학살의
칼을 들다

이극은 진 혜공의 핍박으로 죽었다.

기원전 651년, 진 혜공은 제나라와 진秦나라의 지지로 진晉나라 군주가 되었다. 그 이듬해에는 주나라 천자가 사신을 보내 제나라 대부와 함께 그의 군주 신분을 확인해주었다. 아마도 이때 진 혜공은 자신의 지위가 공고해졌다고 판단했는지 바로 이극을 향해 칼을 겨눴다.

진 혜공이 이극을 죽인 것에는 여러 가지 원인이 있다. 예컨대 그는 군주가 되기 전에 이극에게 분양의 땅을 주겠다고 했는데 이제 와서 발뺌을 하려고 했을 수도 있다. 이것은 충분히 가능한 일이었다. 사실 그는 진나라에 하서의 땅을 떼 주겠다고 한 약속도 저버렸기 때문이다. 또한 이극은 어쨌든 해제와 탁자를 죽이고 순식까지 자살하게 만들었다. 그런 중죄를 지은 자를 처리하지 않을 수는 없는 노릇이었다. 그리고 더 중요한 것은 이극이 중이를 지지한다는 사실이었다. 중

115

이는 나라 밖에 있기는 했지만 그 명망이 혜공보다 훨씬 높았다. 만약 이극과 중이가 나라 안팎에서 서로 호응하면 혜공으로서는 당해낼 수 없었다.

그래서 혜공은 이극을 불러 이야기를 나눴다.

"대부가 없었다면 오늘의 과인도 없었을 것이오. 하지만 그렇더라도 대부는 어쨌든 두 명의 군주와 한 명의 대부를 죽였소. 그러니 과인은 대부의 군주로서 어찌 난처하지 않을 수 있겠소?"

이극은 말했다.

"소신이 그 세 사람을 죽이지 않았다면 군주께서 어찌 귀국하여 즉위할 수 있었겠습니까? 신에게 벌을 내릴 생각이시라면 굳이 번거롭게 핑계를 찾지 않으셔도 됩니다. 신은 명령을 받들겠습니다!"

말을 마친 뒤, 이극은 검을 뽑아 자결했다.[8]

이극이 자결한 뒤, 비정과 그들의 무리도 혜공의 부하들에 의해 처단되었다. 그러나 학살은 여기서 그치지 않았다. 겨우 5년 뒤에 경정慶鄭이 또 살해당했다.

경정은 진나라의 대부였다. 그는 혜공의 소행을 그냥 두고 보지 않은 탓에 피살되었다. 사실 이극을 죽게 하고 경정을 죽이기까지 전후 5년 간 혜공은 실로 안하무인의 행태를 보였다. 기원전 650년, 정권이 막 안정되자마자 그는 비정을 진秦나라에 보내 대단히 염치없는 말을 전하게 했다. 『사기』「진세가晉世家」의 기록에 따르면 혜공의 말은 이러했다.

"과거에 이오가 귀국에 하서의 땅을 드리겠다고 약조했으니 이치대로라면 이제 그 약조를 실행해야 하지만 대신들이 동의하지 않습니다. 대신들이 말하길 폐국의 땅은 선군先君의 것이라고 하는군요. 이오는 나라 밖을 유랑하던 공자일 뿐이었는데 어찌 마음대로 그런 약조를 할 권한이 있었겠느냐고 합니다. 과인은 그들을 이길 수 없으니 정말 죄송합니다."

그야말로 뻔뻔스러운 태도였지만 진秦나라로서는 자업자득이었다. 사실 과거에 진 목공은 진晉나라의 군주를 고르기 위해 조사단을 꾸려 정보를 모아오게 했다. 그 결과, 중이가 더 인의를 갖춘 인물임이 밝혀졌지만 결국에는 더 못한 인물을 택하는 것으로 결론이 났다. 조사단의 책임자는 목공에게 말했다.

"인의를 선양하려 하신다면 저들에게 덕과 재능을 겸비한 자를 뽑아주시고, 중원을 제패하려 하신다면 저들에게 고지식한 자를 뽑아주십시오."

진나라는 당연히 중원을 제패하려 했으므로 '고지식한' 진 혜공을 택했다.

그런데 고지식한 자가 반드시 고지식하지는 않다는 것을 누가 알았겠는가. 진 혜공은 유약하고 무능했지만 뻔뻔스럽기도 했다. 뜻밖에 한방을 먹은 진나라는 꿀 먹은 벙어리가 되었다.

문제는 일이 여기서 끝나지 않았다는 데 있다.

그로부터 3년 뒤, 진晉나라는 기근이 일어나 진秦나라에 식량을 팔라고 요청했다. 진 목공은 신하들과 논의 끝에 인도주의적 결정을 내렸다. 자연재해는 어느 나라에서나 일어날 수 있으며 이웃을 돕는 것이 정도正道이기 때문이었다. 진 목공은 "저들의 군주가 아무리 가증스러워도 백성들이야 무슨 죄가 있겠는가?"라고 말했다. 그래서 진秦나라는 덕으로 원한을 갚았다. 진晉나라로 식량을 나르는 배들이 속속 출발해 끝도 없이 이어졌다. 역사에서는 이 일을 '범주의 역泛舟之役'이라고 칭했다.

그런데 이듬해, 이번에는 진秦나라에 기근이 발생해 진晉나라에 식량을 팔라고 요청했지만 여지없이 거절을 당했다. 본래 진나라의 군신이 그 요청을 두고 논의하는 자리에서 반대파는 "가죽이 없는데 어찌 털이 붙을 수 있겠는가皮之不存, 毛將安傅?"라고 말했다. 여기에서 '가죽'은 하서의 땅을 떼 주겠다고 한 약속을, '털'은 진나라에 식량을 파는 일을 뜻한다. 가죽도 안 주고 안면몰수를 했는데 털 몇 가닥을 줘봤자 무슨 소용이 있겠느냐는 말이다. 그런 작은 은혜를 베풀어봤자 진나라의 원한을 없앨 수 없을 뿐만 아니라 오히려 국력만 강하게 해줄 뿐이니 차라리 될 대로 되라는 식으로 외면하는 게 낫다는 논리였다.

이런 말도 안 되는 소리를 혜공은 일리가 있다고 보았다.

하지만 경정은 동의할 수 없었다.

"은혜를 저버리는 것은 친선 관계를 버리는 것이고, 남의 재앙을 다행히 여기는 것은 어질지 못한 것이고, 작은 이익을 탐하는 것은 선하지 않은 것이고, 이웃에게 미움을 사는 것은 의롭지 못한 것입니다. 더구나 진나라는 우리에게 묵은 원한이 있지 않습니까?"

진 혜공은 그의 말을 듣지 않았다.[9]

이 일로 진泰과 진晉 두 나라는 원수 사이가 되었으며 경정과 혜공도 사이가 벌어졌다. 그래서 마침내 두 나라는 전쟁을 벌였고 혜공은 포로 신세가 되었다. 나중에 백방으로 노력해 혜공은 겨우 풀려날 수 있었지만 그가 귀국 후 가장 먼저 한 일은 바로 경정의 처단이었다.

9 이 일은 『좌전』 희공 14년 참고.

나는
도망가지 않는다

경성은 도읍에서 죽음을 기다리고 있었다.

진 혜공이 어떻게든 경정을 죽이려 한 것은 두 나라의 그 전쟁 때문이었다. 기원전 645년, 진晉나라가 식량을 파는 것을 거절한 그 이듬해에, 대기근을 견딘 진秦나라는 풍년을 맞이했다. 비로소 식량과 건초가 풍부해진 진秦나라는 이를 갈며 진晉나라로부터 빚을 받아낼 준비를 했다. 그러다가 음력 9월, 마침내 진 목공은 친히 군대를 거느리고 정벌에 나섰다. 진 혜공도 친히 참전하여 적군을 맞이했다. 명분이 떳떳했던 진秦나라군은 왕성한 투지로 거침없이 진군했다. 진晉나라군은 패전을 거듭하다가 한韓 지역까지 밀렸다.

거우로서 수레 오른편에 서 있던 경정에게 혜공이 물었다.

"적군이 우리 영토 깊숙이 들어왔는데 어떻게 해야 하는가?"

화를 꾹 참고 있던 경정은 비난하듯 대꾸했다.

"군주께서 자초한 일이 아닙니까? 뭘 어쩌겠습니까?"

혜공은 노하여 고함을 질렀다.

"방자하도다!"

그래서 점을 친 결과를 무시하고 경정을 거우로 쓰지 않는 동시에 경정의 만류에도 불구하고 계속 정나라 산産 작은 말들로 수레를 끌게 했다.

혜공의 이런 아집은 돌이킬 수 없는 결과를 낳았다. 14일에 혜공의 수레는 늪에 빠져 꼼짝도 못하게 되었다. 혜공은 그제야 다급해져 경정에게 도와달라고 소리쳤다. 그러나 경정은 본체만체하며 코웃음을 쳤다.

"고집불통에다 충언에 귀 기울이지 않고 신의를 저버렸을 뿐더러 점괘를 무시했으니 이건 다 자업자득인데 왜 구태여 제 수레를 타려 하십니까? 소신의 이 낡은 수레가 군주께서 도망치시는 데 격에 맞지 않을까 두렵습니다."

그 뒤의 이야기는 자세히 전해지지 않는다. 당시 진 목공도 한 차례 위험한 지경에 빠졌다는 것만 알려져 있다. 진晉나라군의 한 수레가 목공을 맞이해 포로로 잡을 뻔했다고 한다. 그런데 『좌전』에서는 경정이 진 혜공의 수레가 늪에 빠진 그곳에서 시간을 지체하는 바람에 목공이 도망칠 수 있었다고 주장한다. 또한 『국어國語』의 기록에 따르면 경정이 그 수레를 불러 진 혜공을 구하게 한 탓에 진 목공을 놓

첫다고 한다.

어쨌든 진 목공은 무사했고 진 혜공은 포로가 되었다.[10]

군주는 공정하지 못했고 신하는 충성스럽지 못했다. 진 혜공이 포로가 된 것은 자기 탓이었다고밖에 말할 수 없다.

하지만 그 결과는 매우 심각했다.

만약 드러난 사실만으로 논한다면 진나라군이 패하고 혜공이 포로가 된 것은 경정에게도 직접적인 책임이 있었다. 그래서 진 혜공이 풀려나 곧 귀국할 즈음에 누가 경정에게 도망치라고 권했다. 그러나 경성은 고개를 저었다.

"나는 도망가지 않는다!"

그 이유를 경정은 이렇게 설명했다.

"규범에 따르면 궤멸된 군대는 자살해야 하고 붙잡힌 장군은 죽어야 한다. 나, 경정은 군주가 패해 포로가 되게 하고 전쟁에서 지고도 순국하지 못했으니 이미 용서받지 못할 죄를 지었다. 그런데도 도망을 간다면 군주가 죄 지은 신하를 벌할 기회를 잃게 하는 것이니 신하답지 못하다. 분명히 신하인데도 신하답지 못한 자라면 어디에도 도망칠 곳이 없다."

그래서 혜공이 와서 자기를 체포하기만 기다렸다.

혜공은 귀국해 도읍에 거의 다다랐을 때 경정이 아직 도망치지 않았다는 소리를 들었다. 그는 즉시 경정을 잡아오라고 명했다.

---

10 『순자』「왕패王覇」 참고.

혜공이 물었다.

"너는 어찌하여 도망치지 않았느냐?"

경정은 답했다.

"군주를 돕기 위해서입니다. 옛날에 군주께서 즉위했을 때, 만약 약조를 지키고 덕으로 덕을 갚으셨다면 국력이 약해지지는 않았을 겁니다. 국력이 약해진 뒤에도 충언을 받아들이셨다면 전쟁이 나지는 않았을 겁니다. 또한 전쟁이 난 뒤에도 훌륭한 장군을 기용하고 적절히 군대를 쓰셨다면 패전에 이르지는 않으셨을 겁니다. 이제 패전해서 할 수 있는 일이라고는 죄인을 주살해 하늘에 사죄하는 것뿐입니다. 이럴 때 소신마저 도망친다면 어떻게 나라를 유지하시겠습니까? 그래서 소신은 군주께서 마지막 잘못을 저지르시지 않도록 일부러 이곳에서 기다리고 있었습니다."

이 말을 듣고 혜공은 미친 듯이 화가 나서 소리쳤다.

"이 자를 어서 죽여라, 어서!"

하지만 경정은 차분하게 미소를 지으며 말했다.

"신하의 정도正道는 이치에 따라 '바른 말直言'을 하는 것이며 군주의 영명함은 법에 따라 '바른 형벌直刑'을 내리는 것입니다. 결국 군주와 신하가 다 이 '직直'이라는 글자를 중시해야만 나라에 유리합니다. 따라서 군주께서 손을 쓰시지 않더라도 소신은 스스로 목숨을 끊을 것입니다."

123

역사가들은 당시의 날씨를 기록하지 않았지만 절기에 따르면 그때 천지의 분위기는 분명 을씨년스러웠을 것이다.

진나라의 대신들은 두 파로 나뉘었다. 한쪽은 경정을 석방해 공을 세워 죄를 보상하게 하자고 주장했다. 그리고 다른 한쪽은 그를 꼭 죽여야 할 뿐만 아니라 자결을 허용해서도 안 된다는 입장이었다. 그들은 경정의 가장 큰 죄가 군주를 무시하고 멋대로 자기 의견을 고집한 것이라고 생각했다.

"그 자는 전쟁 중에 이미 주제넘게 자기 생각을 관철했는데 지금 또 자기 마음대로 끝장을 보게 할 수는 없습니다. 그렇게 하도록 내버려둔다면 어떻게 나라의 기강과 체통을 보존할 수 있겠습니까?"

사실 이때 혜공은 전자의 건의를 받아들이는 것이 가장 이상적이었다. 그렇게 해야 군주는 신하의 묵은 잘못을 따지지 않고 신하는 스스로 형벌을 받아들이는 미담이 성립되어 진나라에도 유리했다. 하지만 안타깝게도 진 혜공은 머저리였다. 머저리인 그가 그런 결정을 내리기를 기대할 수는 없었다. 아무 제한과 감독도 받지 않는 권력으로 그가 할 수 있었던 유일한 일은 스스로 더 심한 머저리가 되는 것뿐이었다.

그래서 혜공은 끝내 경정을 살해했다.

그나마 다행인 것은 경정을 죽인 뒤, 혜공은 다소 신중해진 것처럼 보인다. 그 후로 8년 간 그가 또 무슨 황당한 짓을 저질렀다는 기록 **124**

은 없다. 그런 의미에서 보면 경정은 전혀 무의미하게 죽지는 않은 셈이다.[11]

그러나 태자 신생의 죽음은 참으로 억울했다.

---

11 이 절의 내용은 『좌전』 희공 15년과 『국어』 「진어삼」을 종합하였다.

어째서
죽어야 하는가

태자 신생은 여희에게 괴롭힘을 당해 죽었다.

　이를 위해 여희는 온갖 계략을 동원했다.

　첫 번째로 그녀는 진 헌공을 부추겨 신생은 곡옥曲沃으로, 공자 중이는 포蒲로 공자 이오는 굴屈로 보내게 했다. 이처럼 그 셋을 쫓아내고 도읍에는 자신의 아들 해제와 여동생의 아들 탁자만 남겨놓았다. 이어서 두 번째로는 헌공을 또 부추겨 신생에게 군대를 거느리고 원정을 가게 했다. 신생이 만약 패전하면 이를 꼬투리 삼아 죄를 묻고, 반대로 승리하면 그에게 야심이 있다고 모함할 계획이었다. 그러나 신생이 이기고 돌아왔을 때 비록 유언비어가 돌기는 했지만 그의 위치는 흔들리지 않았다. 이에 여희는 마지막 한 수로 독살 음모를 조작했다.

　기원전 656년, 여희는 자신만만하게 범죄를 개시했다. 맨 처음에는 진 헌공이 꿈에서 신생의 생모 제강을 만났다는 거짓말을 지어내 곡옥에 있던 신생에게 알렸다. 당시의 제도에 따르면 그런 경우에 신생은 즉시 제사를 올린 뒤, 술과 고기를 군주인 부친에게 바쳐야 했다. 그런데 신생이 보낸 술과 고기가 도착했을 때 헌공은 마침 사냥을 나가 있었다. 이 시간차를 이용해 여희는 고기와 술에 독을 넣었다(이미 독을 넣은 고기와 술로 바꿔치기했다는 설도 있다). 사냥에서 돌아온 헌공이 술을 뿌려 땅에 제를 올렸을 때 땅거죽이 부풀어 올랐다. 이어서 개와 말단 신하에게 고기를 먹이자 둘 다 그 자리에서 죽어 넘어졌다. 졸지에 살인 혐의자가 된 신생은 한 마디 해명도 못하고 꼼짝없이 죽게 되었다.[12]

그것은 군주를 시해하고 아버지를 시해하려 한 이중의 대죄였다. 살인에 성공했으면 사형을, 성공하지 못했으면 자살을 해야 했다.

문제는 그것이 억울한 사건이라는 데 있었다. 게다가 사건의 경위가 그렇게 단순했는데 설마 아무도 눈치 챈 사람이 없었을까? 여희가 점점 목을 조여 오는 판에 신생 자신도 전혀 느낌이 없었을까? 헌공은 편협하고 여희는 여우라는 것은 누구나 다 아는 사실이었다. 그런데도 조정 대신들 중에 단 한 사람도 그들의 음모를 막거나 막으려 하지 않았을까? 혹은 신생을 도운 사람이 전혀 없었을까?

당연히 있었다.

그러나 신하의 도를 지키기 위해 그들은 한걸음 물러났다.

127

12 「좌전」 희공 4년 참고.

이극을 예로 들어보자.

진 헌공이 신생을 원정에 내보낼 때 이극은 반대했다. 하지만 헌공은 듣지 않았고 이극도 자기 생각을 고집하지 않았다. 반대로 이극은 신생에게 이렇게 말했다.

"신하는 단지 불충을 경계하면 되고 자식은 단지 불효를 경계하면 됩니다. 군주가 되고 못 되고는 태자께서 고려할 일이 아니니 맡은 바 소임에만 힘쓰십시오."[13]

누구는 이것이 부자간의 관계를 잘 처리한 것이며[14] 심지어 신하된 자의 도리였다고까지 평했다. 그러나 이극의 이 말은 검토의 여지가 있다. 예를 들어 나중에 이극은 해제와 탁자를 죽이면서 추호도 사정을 봐주거나 군신의 예의를 돌아보지 않았다. 따지고 보면 그 전까지는 헌공이 건재하였지만 당시에는 헌공이 죽고 여희와 해제가 과부와 고아 신세가 되어 요리하기 쉬워졌기에 그랬을 뿐이다. 이렇게 보면 훗날 이극이 혜공의 핍박으로 자살한 것은 어느 정도 자업자득이었다.

다음에는 호돌에 관해 이야기해보자.

신생이 원정을 나갈 때 호돌도 반대하고 나섰지만 신생은 말을 듣지 않았다.

"군부君父께서 나를 싸움에 내보내는 것은 나를 좋아해서가 아니라 나를 시험하고자 하는 것임을 나도 알고 있소. 그러나 어차피 죽음을

---

13 『좌전』 민공 2년과 『국어』 「진어일」 참고.
14 『국어』 「진어일」 참고.

면하기 어렵다면 싸우는 것이 낫소. 싸우지 않고 돌아온다면 죄가 더 커질 것이고 싸우다가 죽는다면 적어도 명예로운 이름은 남길 수 있을 것이오."

결국 호돌이 예상한 것처럼 신생이 돌아오자 그를 모함하는 소문이 들끓었다. 이에 호돌은 집에 틀어박혀 밖으로 나오지 않았다.

당시 이극과 호돌이 취한 태도는 일견 온당해보여도 실제로는 사태의 해결에 전혀 도움이 되지 않았다. 물론 호돌이 그때의 지위로는 거의 힘을 발휘할 수 없었다. 그러나 이극은 힘이 없었던 것이 아니라 관심이 없었거나 배짱이 부족했다. 사실 그는 여희가 태자를 해치려 한다는 것을 잘 알면서도 입장을 못 정하고 갈팡질팡했으며 그의 동료인 비정도 뚜렷한 생각이 없었다. 이극은 비정에게 말했다.

"나는 군주를 시해하는 것은 감히 못하겠고 그렇다고 악인을 도울 수도 없네. 그냥 피하는 수밖에 도리가 없군."

그래서 이극은 병이 났다고 하고 조정에 나가지 않았다. 30일 후, 여희는 목적을 달성했다.[15]

마지막으로 신생에 관해 이야기해보자.

알고 보면 신생은 외롭게 자란 인물이었다. 어머니를 일찍 여의고[16] 아버지의 사랑도 제대로 받지 못했으며 대신들은 그에게 순종과 충효만을 강조해 가르쳤다. 오랫동안 누구도 그에게 어떤 권리가 있고 어떤 주장을 해야 하는지 알려주지 않았다.

---

15 『국어』 「진어」 참고.
16 『좌전』 장공 28년을 보면 진 헌공이 제강과 '증烝'하여 진 목공의 부인 목희穆姬와 태자 신생을 낳았다고 기록되어 있다. '증'은 어머니뻘의 여자와 성 관계를 갖는 것을 뜻한다. 제강이 어떤 여자였는지에 관해서는 여러 가지 주장이 있다.

그래서 나중에 여희에게 모함당했을 때도 신생은 어떻게 할 방도가 없었다. 그때 어떤 사람이 그에게 권했다.

"태자께서 스스로 해명하시면 군주께서 분명히 시비를 가려주실 겁니다."

그러나 신생은 고개를 저었다.

"내가 해명하면 여희가 죄를 추궁당할 거요. 내 부친이자 군주께서는 연로하시오. 여희가 없으면 식사도 못하고 잠도 못 주무실 거외다. 그 분이 행복하지 못하면 내가 어찌 마음이 편하겠소?"

기원전 656년 음력 12월 27일, 신생은 곡옥에서 목을 매어 자살했다.[17]

원통하게 죽은 신생은 죽어도 눈을 감지 못했다. 기록에 따르면 죽기 전에 신생은 은둔하고 있던 호돌에게 말을 전하게 했다.

"그대의 말을 듣지 않아 이 신생은 오늘 같은 결말을 맞게 되었소. 나는 감히 삶을 탐하고 죽음을 두려워하지는 않지만 단지 군주가 연로하시고 나라에 재난이 많은 것이 마음에 걸리오. 그대가 계속 세상에 나오지 않는다면 우리 군주는 어떻게 되시겠소? 만약 그대가 나와서 일을 맡아준다면 이 신생은 죽어도 한이 없을 것이오."[18]

훗날 호돌이 목숨을 걸고 절개를 지킨 것은 아마도 이와 관련이 있을 것이다.

130

---

17 이 일은 『좌전』희공 4년 참고.
18 『국어』「진어이」참고.

군주와
신하

이제 군주와 신하의 관계를 검토해야 할 듯하다.

군신과 부자는 중국 역사에서 가장 중요한 인간관계다. 그 옛날 젊은 공자가 일을 찾아 제나라에 갔을 때, 제 경공景公은 그에게 어떻게 나라를 다스려야 하느냐고 물었다. 이에 공자는 "군주는 군주답고, 신하는 신하답고, 아버지는 아버지답고, 자식은 자식다워야君君, 臣臣, 父父, 子子" 한다고 답했다. 제 경공은 고개를 끄덕였다.

"맞소. 군주가 군주답지 못하고, 신하가 신하답지 못하고, 아버지가 아버지답지 못하고, 자식이 자식답지 못하다면 곡식이 있더라도 과인조차 제대로 얻어먹을 수 없을 것이오."

사실 군신과 부자라는 이 네 글자는 고대 중국의 가장 중요한 정치이념이자 도덕규범이면서 제도의 기본이었다. 그래서 서주西周 이후로 공들여 수립되고 흔들림 없이 지켜졌다.

131

물론 진한秦漢을 기준으로 그 전과 그 후의 군신관계는 차이가 있다. 서주부터 춘추 시대까지는 이론적으로 단계에 따라 사士는 대부에게 충성하고, 대부는 제후에게 충성하고, 제후는 천자에게 충성했다. 그리고 전국 시대에 와서는 천자의 부재로 인해 세 단계의 충성이 두 단계로 바뀌기는 했지만 어쨌든 단계에 따른 충성은 그대로였고 군신관계도 변하지 않았다.

진한 이후에는 제후도 사라져서 단계에 따른 충성은 직접적인 충성으로 바뀌었다. 황제가 유일한 군주이고 다른 사람들은 관리부터 백성까지 모두가 신하였다. 그러나 이것은 절대적이지는 않았다. 천하가 혼란에 빠지면 충성의 대상이 늘어나곤 했다. 후한 말기를 예로 들면 주유는 손권에게, 관우는 유비에게, 곽가는 조조에게 충성을 바쳤다. 하지만 각기 충성의 대상이 다르더라도 그 기본을 이루는 것은 변함없이 군신관계였다.

확실히 고대 중국에서 군신관계는 사회 안정의 기초이자 군주제도의 초석이었다. 다른 관계들도 군신으로 간주될 수 있었다. 예컨대 아버지는 가군家君, 남편은 부군夫君이었다. 형제와 친구가 평등해 보인 것도 그 위에 군주와 아버지가 있었기 때문이다. 예컨대 아버지가 없으면 큰형이 곧 아버지였다. 이러니 군신의 도가 어찌 대의大義가 아니었겠는가?

그러나 안타깝게도 그것은 근본적으로 결함이 있었다.

그 결함은 바로 불평등에 있었다. 군주와 아버지는 의심의 여지없이 신하와 자식보다 높은 존재로 간주되었다. 이것은 인간의 천성에 어긋나므로 보완책을 강구하지 않을 수 없었고 그 보완책이란 '대등對等'으로 평등을 대체하는 것이었다. 예컨대 "군주는 인자하고 신하는 충성스러우며 아버지는 자애롭고 자식은 효성스러워야 한다君仁臣忠, 父慈子孝"나 "군주는 예로써 신하를 부리고 신하는 충심으로 군주를 섬긴다君使臣以禮, 臣事君以忠"를 말한다.[19] 다시 말해 군신과 부자는 다 도덕적인 의무를 가지며 게임의 규칙을 준수해야 했다. 일단 예의를 어기면 무거운 대가를 치를 가능성이 컸다.

이와 관련해 참고할 만한 사례를 살펴보자.

기원전 559년, 위衛 헌공獻公은 두 명의 대부를 식사 자리에 초대했다. 그들은 예의에 맞게 의관을 차려 입고 시간에 맞춰 조정에 나와 공손한 태도로 헌공을 기다렸다. 그런데 기다리고 또 기다렸지만 해가 곧 저물 때까지도 헌공은 나타나지 않았다. 그들은 나중에야 헌공이 정원에서 활로 기러기를 쏘고 있는 것을 발견했다. 더구나 헌공은 두 대부를 보고서 가죽모자를 쓴 채 말을 걸었다.

그것은 엄청난 실례였다. 가죽모자 즉 '피관皮冠'은 전쟁이나 사냥을 할 때 쓰는 모자였다. 그래서 신하가 군주를 알현하거나 군주가 신하를 만날 때는 설령 전쟁 중이거나 사냥을 하고 있을 때라도 반드시 피관을 벗어야 했다. 노 성공 16년, 진나라 대부 극지는 초 공왕의 수레와 세 번 마주쳤고 그때마다 피관을 벗었다. 초 공왕이 사신을 보내 안부를 물을 때도 그는 즉시 피관을 벗고 명에 따랐다. 그리고 노소공昭公 12년, 사냥 복장을 한 초 영왕靈王은 대신들을 접견하면서 피관을 벗었을 뿐만 아니라 조끼와 말채찍도 미리 다른 곳에 치워놓았다. 피관을 벗지 않는 것은 상대를 적이나 동물 취급을 하는 것이나 다름없었다. 손님을 식사에 청해놓고 사냥 복장을 하고 있는 것은 더 공공연한 모욕이었다. 위나라의 그 두 대부는 분노를 못 참고 즉시 쿠데타를 일으켜 헌공을 나라 밖으로 몰아냈다. 헌공은 12년이 지난 뒤에야 귀국이 허용되었다.

이 일이 일어났을 때 진晉나라의 군주는 도공悼公이었다. 도공은 자신의 악사樂師였던 사광師曠에게 물었다.

"위나라인이 자신들의 군주를 축출한 것은 매우 지나친 처사가 아닌가?"

이에 사광은 답했다.

"그들의 군주가 매우 지나쳤기 때문일 겁니다. 나라의 군주는 제사의 주재자면서 백성의 희망입니다. 만약 군주가 백성을 실망시키면 백성이 그런 군주를 굳이 원하겠습니까? 하늘은 백성을 자식같이 사랑합니다. 따라서 하늘이 백성을 위해 군주를 세우는 것은 백성의 머리 위에서 횡포를 부리라고 세우는 것이 아닙니다."[20]

이 말은 박수갈채를 받기에 충분하다.

134

20 이 일은 『좌전』 양공 14년 참고.

그러나 안타깝게도 군주는 인자하고 아버지는 자애로워야 한다는 것과 관련해 그들을 감독할 수 있는 제도는 전무했다. 그들이 인자하고 자애롭고 예를 지키는 것은 전부 그들 자신에게 달려 있었다. 그와 반대로 군주와 아버지의 절대적인 권위는 의심의 여지없이 이치에 부합하고 흔들릴 수 없는 것으로 여겨졌다. 그 결과, 군주가 인자하지 않아도 신하는 충성스러워야 하며 아버지가 자애롭지 않아도 자식은 효성스러워야 했다. 심지어 군주와 아버지가 어리석고 난폭하기라도 하면 신생처럼 불행한 일을 당할 가능성이 컸다. 그는 충성을 다했지만 죽어야 했고 효성을 다했는데도 역시 죽어야 했다. 죽지 않으면 불충에 불효였고 죽으면 충성과 효성이 다 온전했다.

이게 무슨 당치 않은 논리이며 엉터리 도덕인가!

그래서 신하들은 요행을 바라거나 상황을 봐가며 처신할 수밖에 없었다. 호돌, 이극, 경정의 공통된 특징은 신하의 도를 지키면서도 양심을 팔거나 자존심을 버리지 않은 것이다. 저를 죽일 테면 죽이십시오! 하지만 죽더라도 말은 똑바로 해야겠습니다. 명분 없이 죽을 수는 없습니다!

순식의 태도는 전혀 달랐다. 그것은 무조건적인 충성이었다. 그는 다른 사람의 부탁이라면, 더군다나 군주의 부탁이라면 충심을 다해 이행해야 한다고 보았다. 그리고 일의 성패는 오로지 하늘에 맡겼다.

135 　아마도 이것이 대다수 신하들의 기본 입장이었을 것이다. 어쨌든

군주는 한 나라의 주인이었고 아버지는 한 집안의 주인이었다. 군주의 수치는 온 나라의 수치였고 군주의 수난은 온 나라의 수난이었다. 그래서 혜공이 진秦나라군의 포로로 끌려갔을 때 진晉나라의 대부들은 산발을 하고 그 뒤를 쫓았다.

진 목공은 어찌 할 도리가 없어 사신을 보내 말을 전했다.

"그대들은 그렇게 우려하지 않아도 되오. 과인이 귀국의 군주를 모시고 서쪽으로 온 까닭은 귀국의 돌아가신 태자의 영령을 위로하려는 것일 뿐인데[21] 어찌 감히 지나친 처사가 있을 수 있겠소?"

진나라의 대부들은 황송해하며 대례를 행하면서 세 번 절을 하고 세 번 머리를 땅에 찧었다. 그들은 말했다.

"위대하신 군주시여! 군주의 발밑은 땅이고 머리 위는 하늘입니다. 하늘과 땅이 다 군주의 맹세를 들었습니다. 외국의 이 미천한 신하들은 외람되게도 바람 부는 방향에 서서 군주의 인자하신 명을 기다리겠습니다!"[22]

이 일도 훗날 진 혜공의 석방에 어느 정도 기여를 했다.

진 혜공의 석방에 영향을 끼친 요소는 그밖에도 여러 가지였다. 그 중 하나는 진나라 외교관의 성공적인 중재였다.

---

21 『좌전』 희공 10년의 양보쥔楊伯峻 주에 따르면 진 혜공은 즉위 후, 죽은 신생의 아내를 차지했다고 한다. 이에 신생의 유령이 호돌 앞에 나타나 혜공이 한韓에서 반드시 패할 것이라고 예언했다.
22 이 일은 『좌전』 양공 15년 참고.

약소국도
외교가 필요하다

진 목공은 드디어 여생呂甥을 만났다.[1]

여생은 진 혜공의 심복이자 이극과 비정의 숙적이었다. 과거에 혜공은 비정을 진秦나라에 파견하여 하서의 땅을 내주기로 했던 약속을 파기하게 했다. 그때 비정은 여생 등의 반대로 인해 어쩔 수 없다고 둘러댔다. 이 말을 듣고 진 목공은 비정의 건의를 받아들이는 동시에 진晉나라에 사람을 보내 여생을 유인하여 잡아오게 했다. 그러나 여생 등은 음모를 간파하여 거꾸로 비정을 죽이고 이극과 비정을 따르던 무리까지 일망타진했다. 자연히 진 목공은 얻으려던 것을 얻지 못했다.[2]

따라서 여생과 목공은 특별한 인연이 있었다고 말할 수 있다. 다만 이때 여생은 사신의 자격으로 진나라로 건너갔을 뿐이다. 그의 임무는 한韓 지역 전투에서 포로로 잡힌 혜공을 데려오는 것이었다.

138

---

1 여생呂甥은 이름이 이飴이며 진나라 군주의 외조카外甥로서 채읍이 여呂(지금의 산시山西 성 훠저우霍州 서쪽)였기 때문에 여생이라 불렸다.
2 이 일은 『좌전』 희공 15년 참고.

여생의 이 임무는 쉽지 않았다.

그것은 너무나 당연했다. 진秦나라와의 그 전투에서 진晉나라는 여지없이 패했을 뿐만 아니라 명분 싸움에서도 일방적으로 불리했다. 준다고 한 땅을 주지 않은 것은 신용을 어긴 것이었고, 기근 시에 진秦나라의 도움을 받고도 정작 진나라가 기근을 당하자 외면한 것은 의리를 저버린 것이었다. 그래서 진나라는 이미 분노가 극에 달해 있었으므로 붙잡은 적의 수괴를 절대 호락호락 놓아줄 리가 없었다.

진나라 조정에서도 의견이 갈렸다. 누구는 혜공을 죽여 조상에게 제사를 올리자고 했고 누구는 진晉나라에 태자를 인질로 요구해 혜공과 교환하자고 했다. 목공의 부인은 진 혜공의 배다른 누이였기 때문에 필사적으로 자기 동생을 구하려 했다. 결국 목공은 협상하는 데 동의했고 이에 여생이 혜공을 넘겨받으러 온 것이었다. 그래서 이 일은 거의 8, 9할은 가망이 있는 셈이었지만 혹시 여생이 한마디라도 잘못해 진나라의 성미를 건드리면 돌이킬 수 없는 화를 당할 수도 있었다.

그러므로 여생과 목공의 대화는 주의 깊게 살펴볼 만하다.

먼저 목공이 물었다.

"귀국은 화목하오?"

"화목하지 않습니다. 소인은 군주가 포로가 된 것을 부끄러워하고 육친이 전사한 것을 비통해합니다. 그들은 조세를 더 거둬 군비를 확충하는 것을 꺼리지 않으면서 한마음으로 태자를 군주로 세우려 합니다. 그리고 차라리 오랑캐를 섬기는 한이 있더라도 이 원수를 갚아야 한다고 말합니다. 한편 군자는 군주를 사랑하면서도 그 죄를 잘 압니다. 그들은 조세를 더 거둬 군비를 확충하는 것을 꺼리지 않으면서도 한마음으로 귀국이 군주를 돌려보내주기를 기다리고 있습니다. 그리고 귀국의 은혜를 반드시 갚아야 한다고 말합니다. 이처럼 소인과 군자가 각기 자기 의견을 고집하는 바람에 화목하지 못합니다."

여생의 말은 부드러운 듯해도 말 속에 뼈가 있었다.

목공은 당연히 그 뼈를 감지하고 이어서 또 물었다.

"귀국의 신하와 백성은 군주가 어찌 될 것이라 보고 있소?"

여생은 말했다.

"소인은 근심하며 죽음을 면치 못할 것이라 생각하고 군자는 용서를 받아 꼭 돌아올 것이라고 주장합니다. 소인은 우리가 진나라에 해를 끼친 적이 있기 때문에 진나라가 군주를 놓아줄 리가 없다고 말합니다. 군주는 우리가 이미 죄를 알고 있기 때문에 진나라가 아량을 베풀 것이라고 말합니다. 누가 신의를 저버리면 포획하고 고개 숙여 죄를 인정하면 놓아주는 것만큼 두터운 덕과 엄한 징벌이 세상에 어디 있겠습니까? 틀림없이 고마움을 아는 자는 진나라의 은덕을 생각하고 음흉한 자는 진나라의 징벌을 두려워할 겁니다. 그러면 이로 인해 진나라는 패업을 이룰 수 있습니다. 폐국의 군자들은 이와 반대되 140

는 어리석은 일을 진나라가 저지를 리 없다고 굳게 믿고 있습니다."

이 말을 듣고 진 목공은 크게 기뻐하며 말했다.

"그것이 바로 나의 뜻이오."

그는 즉시 약속대로 진 혜공을 풀어주었을 뿐만 아니라 좋은 숙소와 음식까지 제공했다.[3]

여생은 외교 사절로서 비굴하지도 않고 거만하지도 않았으며 예절과 설득력을 겸비해 확실히 본보기가 될 만했다. 그런데 또 한 명의 외교관은 부드러움으로 강함을 제압하는 솜씨를 보여 사람들이 찬탄을 금치 못하게 하였다.

그 사신은 바로 노나라의 대부 전희展喜다.

전희의 임무는 여생의 임무보다 어려웠다. 여생이 대표한 진나라는 전쟁에서 패했을 뿐이었다. 그런데 전희가 대표한 노나라는 전쟁을 피해 평화를 호소해야 하는 입장이었다. 기원전 634년, 노 희공은 제나라의 심기를 건드려 토벌을 당할 위기에 처했다. 노나라는 제나라의 적수가 아니어서 외교에 희망을 걸어야 했다. 그런데 무슨 말을 하고 무슨 선물을 해야 할지 노나라의 군신들은 전혀 속수무책이었다. 왜냐하면 아무리 귀중한 선물을 줘도 거들떠보지도 않을 가능성이 컸기 때문이다. 결국 전희는 아주 약소한 선물을 갖고 가기로 했다.

그가 가져간 것은 '고목膏沐'이었다.

고목이란 오늘날의 연고 샴푸와 목욕 세제에 해당한다.

141

3 9년 후 진 혜공이 죽자, 공자 중이가 진나라 군대의 호송을 받으며 귀국해 군주가 되었다. 이 사람이 바로 진 문공이다. 여생 등은 반란을 일으켜 진 문공을 죽이려다가 실패하고 도망쳤다. 여생은 나중에 진 목공에게 유인당해 살해되었다.

전희는 말했다.

"폐국의 과군이 못나서 폐국의 비천한 땅에 군주께서 존귀한 발을 들이시게 하였습니다. 귀국의 장수들이 힘들게 노숙하는 것에 대해서도 과군은 대단히 송구스러워하고 있습니다. 그래서 특별히 소신을 보내 이 고목을 바치오니 이것으로 위로하십시오."

제 효공孝公이 물었다.

"노나라는 우리가 두렵소?"

"소인들은 그렇지만 군자들은 그렇지 않습니다."

"흥, 당신들은 창고에 쌀 한 톨 없고 들판에도 풀 한 포기가 없는데 뭘 믿고 두렵지 않다는 것이오?"

전희는 말했다.

"양국의 전통적인 우의를 믿기에 그러합니다. 제나라의 시조는 태공太公이고 노나라의 시조는 주공周公입니다. 그 옛날, 태공과 주공은 무왕武王을 보좌해 천하를 평정하고서 성왕에 의해 제나라와 노나라에 책봉되었습니다. 하늘 아래 이보다 더 형제 같은 관계가 또 어디 있겠습니까? 동생이 잘못을 저지르면 형은 꾸짖는 게 마땅하지만 동생의 목숨까지 빼앗지는 않습니다. 작은 흠 때문에 조상의 일을 잊을 리가 없기 때문입니다. 그래서 저희는 두렵지 않습니다."

이 말을 듣고 제 효공은 즉시 철군 명령을 내렸다.[4]

확실히 이것도 상당히 성공적인 교섭이었다. 사실 약소국이라고 해   142

---

4 이 일은 『좌전』 희공 26년과 『국어』 「노어상魯語上」 참고.

서 외교가 필요 없는 것은 아니다. 반대로 나라가 약할수록 더 외교에 능해야 한다. 나아가 약소국이나 패전국의 사신은 강함과 부드러움, 지혜와 용기를 겸비해야 할 뿐만 아니라 군자의 품격과 귀족정신도 갖춰야 한다.

몇 가지 사례를 더 살펴보기로 하자.

위험한
결혼식

기원전 541년, 정나라의 도읍 안에는 공포의 분위기가 감돌았다. 초나라의 한 요인이 곧 방문하기 때문이었다.

그 요인은 바로 자위子圍였다.

자위는 초나라의 영윤令尹이었다. 영윤은 춘추전국 시대 초나라에서 군과 정부의 대권을 손에 쥔 최고 장관으로서 주로 왕자나 태자가 담당했다. 실제로 자위는 전임 초나라 군주인 강왕康王의 동생이자 현임 초나라 군주 겹오郟敖의 숙부였다. 더구나 그 해 연말에는 왕위에 올라 영왕靈王이 될 참이었다. 따라서 그는 당연히 보통 인물이 아니었다.

이번에 영윤 자위는 신부를 맞이하러 왔다.

그 신부는 정나라 대부 공손단公孫段의 딸이었다. 단은 정나라 목공의 손자여서 '공손'이라 불렸다.

144

초나라의 요인이 정나라 대부의 딸을 신부로 맞으러 온 것은 본래 대단한 경사인데 왜 공포 분위기가 조성되었을까?

왜냐하면 자위가 군대를 거느리고 왔기 때문이다.

사실 자위는 정나라에 와서 국사國事를 마친 뒤, 정나라에서 열리는 11개국 회의에 참가할 예정이었다. 당시 제후들의 회맹은 두 종류로 나뉘었다. 하나는 군대를 데려오지 않는 '승거지회乘車之會'이고 다른 하나는 군대를 데려오는 '병거지회兵車之會'였다. 그런데 기원전 639년 송 양공이 주도한 회맹은 본래 승거지회였는데도 초 성왕成王은 군대를 데려와 송 양공을 포로로 붙잡았다.

이런 역사적 선례가 있었기에 정나라는 마음을 놓을 수가 없었다. 더구나 초나라는 야심만만한 나라였고 자위도 전횡을 일삼기로 유명한 인물이었다. 이번에 그가 왜 정나라에 오는지 그 진짜 목적을 누가 알겠는가? 어쩌면 무슨 일을 꼬투리로 삼아 정나라 도읍 안에서 유혈 난동을 부릴지도 몰랐다. 어쨌든 그때는 예악禮樂이 붕괴된 춘추 시대 말기여서 모두가 군자의 품격을 중시하지는 않았다. 하물며 초나라인은 일관되게 자신들을 '만이蠻夷' 즉 오랑캐라고 칭하면서 주나라의 예를 별로 준수하지 않았다. 초나라의 군주가 공공연히 왕이라 칭한 것이 그 증거다. 정나라는 춘추 시대 초기에는 유일무이의 강국이었지만 이때는 '제3세계 국가' 정도로 쇠락한 상태였다. 반대로 초나라는 본래 '오랑캐의 나라'였지만 이 시기에는 엄연한 '초강대국'이

145

었다. 따라서 당시 상황은 훗날 포르투갈이 대영제국을 상대로 강경히 맞서지 못한 것과 마찬가지였다.

도발할 수도, 피할 수도 없었다. 정나라인들은 어쩔 수 없이 자위 일행을 성 밖 국빈관으로 인도해 극진히 대접했다.

그런데 자위는 이제 결혼을 해야 했다. 그 당시의 결혼제도를 보면 중매부터 결혼까지 모두 여섯 가지 절차를 거쳐야 했고 그 중 가장 마지막 절차인 동시에 또 가장 성대한 절차는 '친영親迎' 즉 신랑이 여자 쪽 집에 가서 신부를 맞이하는 것이었다. 이것은 천자를 제외한 모든 사람이 지켜야 할 절차로서 당연히 자위도 예외가 아니었다.

친영을 위해서는 성으로 들어가야 했으므로 정나라는 두려움에 휩싸였다.

이때 정나라의 국정을 주재하던 인물은 대정치가 자산子産이었다. 그는 즉시 사신을 보내 교섭하게 했다.

사신의 말은 당연히 공손했다.

"폐국의 도읍은 실로 매우 협소해서 영윤 대인을 모시기에 부족합니다. 그래서 허락해주신다면 교외에 따로 넓은 장소를 마련해 임시로 공손단의 묘당廟堂을 대신할까 하는데 어떠신지요?"

자위도 사신을 보내 답하게 했다.

초나라 사신의 말은 역시 공손하기는 했지만 타협의 여지가 없었다.

"귀국 군주의 은혜를 입어 폐국의 대부 자위는 공손 대부의 따님과 행복한 가정을 이루게 되었습니다. 자위는 명령을 받아 감히 태만하지 못하고 서둘러 의식을 거행해 조상께 고하고서 신부를 맞으러 갈까 합니다. 그런데 황량한 교외에서 혼례를 치른다면 그것은 귀국 군주의 은혜를 들판에 버리는 격이며 자위도 선왕을 속였다는 누명을 쓰게 될 겁니다. 그러면 자위가 고국에 돌아가 어떻게 군주를 위해 충성을 바칠 수 있겠습니까? 간청하오니 대인께서는 부디 다시 생각해주십시오.”

이에 정나라의 사신은 작심하고 단도직입적으로 말했다.

“한 나라가 약한 것은 본래 죄가 아닙니다. 그러나 멋모르고 대국을 후원자로 삼고 아무 방비도 하지 않는다면 그 죄는 천만 번 죽어 마땅합니다. 저희 군주께서 공손단의 딸을 영윤 대인께 배필로 내리신 것은 후원자를 얻기 위해서입니다. 하지만 그 대국이 행여나 소국을 치려는 흑심을 품지나 않을지 또 누가 알겠습니까? 다른 것은 몰라도 혹시 그렇게 되면 소국이 의지할 데를 잃고 제후들도 경계심을 갖지 않을까 두렵습니다. 귀국이 남에게 믿음을 잃고 천하를 호령한다면 누가 호응을 하겠습니까? 그러나 그 반대라면 폐국의 도읍은 곧 귀국의 처소나 다름없으니 공손단의 묘당을 내드리지 않을 까닭이 없습니다.”

그야말로 한 마디 한 마디가 다 정곡을 찌르는 말이었다. 자위 일행은 정나라가 이미 대비가 돼 있음을 알았다. 신부를 맞으러가는 것

147

을 핑계로 정나라를 멸하는 것은 불가능한 일이었다. 그래서 무기를 놓아두고 성에 들어가겠다고 제의했으며 정나라도 이에 동의했다. 결국 이 위험한 결혼은 평화롭게 마무리되었다.[5]

이처럼 약소국이라고 해서 외교가 중요하지 않은 것은 아니었다.

---

5 이 일은 『좌전』 소공 원년 참고.

총구에서
아이디어도 나온다

결혼식이 끝난 후 자위는 회의에 참가했다.

그 11개국 회의는 5년 전 열린 '송지맹宋之盟' 즉 송나라에서의 회맹의 연속이었다. 중국 역사상 대단히 유명한 이 회의는 동주 시대를 둘로 가르는 분기점으로 간주되기도 하며[6] 송나라 대부 상술向戌이 제후들의 패권 다툼으로 전란이 끊이지 않는 것을 통감해 평화 회담을 주창한 데에서 비롯되었다. 당시의 초강대국은 진晉나라, 초나라, 제나라, 진秦나라였다. 상술은 진晉나라의 실권자 조무趙武, 초나라의 실권자 굴건屈建과 사적인 교분이 있어 즉시 말이 통했다. 제나라와 진秦나라도 지지를 표명했다. 강국들의 틈바구니에서 고초를 겪던 소국들은 더더욱 회의가 성사되길 바랐다.

그래서 기원전 546년, 즉 노 양공襄公 27년 여름, 송나라가 주최국이 되어 진晉나라, 초나라, 제나라, 진秦나라와 그 동맹국인 노, 위衛,

149

---

6 사학자 판원란范文瀾은 기원전 546년의 미병지회를 경계로 하여 그 전에는 제후들의 겸병이 주이고 대부들의 겸병은 부차적이었던 반면, 그 후에는 대부들의 겸병이 주이고 제후들의 겸병은 부차적이었다고 말했다. 판원란의 『중국통사』 참고.

정, 진陳, 채蔡, 허許, 조曹 등의 대표들이 함께 평화조약을 맺었다. 그
후, 소국들이 평화를 누린 기간은 송나라가 65년, 노나라가 45년, 위
나라가 47년, 조나라가 59년이었다.[7] 거의 반세기에 걸쳐 평화를 구가
한 것이다. 그래서 이 회맹을 역사에서는 '미병지회彌兵之會'라고 부른
다. '미彌'는 멈춘다, 제거한다는 뜻이며 '병兵'은 전쟁을 가리킨다. 이른
바 '미병지회'란 사실 그 시대의 '세계평화회담'이었던 것이다.

그러나 안타깝게도 이 세계평화회담은 전혀 평화롭지 않았다.

가장 강력한 국가였던 진晉나라와 초나라가 처음부터 신경전을 벌
이는 바람에 다른 나라들도 '친진'과 '친초'로 갈렸다.

서로를 경계한 나머지 진나라와 초나라의 대표단은 각기 멀리 떨어
진 곳에 짐을 풀었다. 진나라인은 송나라 도읍 북쪽에, 초나라인은
송나라 도읍 남쪽에 머물렀다. 심지어 초나라인은 예복 속에 방탄조
끼를 입고 있기도 했다. 적의 이런 심상치 않은 분위기에 진나라 대표
단은 바짝 긴장했다. 나중에는 부단장 숙향이 단장 조무를 안심시켜
야 했다.

"평화를 도모한다는 기치를 내건 상태인데 저들이 전쟁을 일으키
기야 하겠습니까."

그러나 줄다리기는 없을 수 없었다.

초나라인은 먼저 '삽혈歃血'을 하겠다고 요구했다. 삽혈은 당시 제후
들의 맹회에서의 중요한 의식이었다. 그 구체적인 절차는 이러했다. **150**

---

7 『좌전』 양공 27년의 양보쥔 주 참고.

먼저 소 한 마리를 끌고 와 왼쪽 귀를 잘라서 접시 위에 놓은 뒤, 흐르는 피를 '대敦'라는 이름의 그릇에 담았다. 그 다음에는 맹회에 참가한 대표들이 차례대로 조금씩 마시거나 손가락에 피를 묻혀 입가에 발랐다. 이 의식은 계약서에 서명을 하는 것과 비슷했다.

그런데 서명은 동시에 해도 되지만 삽혈은 순서가 있었다. 보통 첫 번째로 삽혈을 하는 사람이 맹주로 간주되거나, 아니면 맹주가 먼저 삽혈을 해야 했다. 그래서 진나라는 초나라의 요구를 들어줄 수 없었다. 진나라 대표단은 말했다.

"당연히 우리가 맹주이니 누구도 우리보다 먼저 삽혈을 할 수는 없소."

이에 초나라 대표단은 반박했다.

"우리 지위도 당신들과 다르지 않은데 무슨 근거로 먼저 삽혈을 하겠다는 거요?"

이렇게 실랑이가 이어지다가 결국 진나라가 양보했다. 대표단 안에서 부단장 숙향이 또 단장 조무를 설득한 결과였다.

"제후들은 덕정德政을 따르지, 주관자를 따르지 않습니다. 그리고 역대로 제후들의 맹회에서 주관자는 모두 소국이었습니다. 이번에 초나라가 한 번쯤 소국의 역할을 맡게 해도 무방하지 않겠습니까?"

그래서 초나라인이 먼저 삽혈을 했다.[8]

평화롭지 못했던 세계평화회담은 이렇게 막을 내렸다. 그런데 숙향

---

8 이 장의 사건은 『좌전』 양공 27년 참고.

은 사실 그 아이디어로 자신과 조무를 다 기만했다. 확실히 소국이 맹회의 주관자 역할을 맡은 적이 없지는 않았다. 하지만 그것은 '소귀를 잡는 것執牛耳'에 국한되었지 삽혈은 아니었다. 소귀를 잡는 것과 삽혈은 한 가지 의식의 두 부분이었다. 첫 단계로 소의 왼쪽 귀를 잘라 접시 위에 놓는 것을 "소귀를 잡는다"고 하였다. 이 일을 하는 사람은 사회자에 해당되므로 대부분 소국의 대부들이 맡았다. 맹주는 꼼짝도 않고 옆에서 보고만 있어서 "낮은 사람은 그것을 쥐고, 높은 사람은 그것을 살펴보았다卑者執之, 尊者莅之"[9]라고 했다. 그런 다음, 맹주가 대 속의 피를 취해 제일 먼저 삽혈했다. 맹주가 삽혈한 뒤에야 다른 사람들에게 차례가 돌아갔다.

위의 사실로부터 동맹국들의 지위의 높고 낮음은 접시 속 소귀가 아니라 대 속의 피에 달려 있었음을 알 수 있다. 먼저 삽혈하는 사람이 곧 대장이었다. 그래서 기원전 502년 진나라와 위衛나라의 맹회에서 위 영공은 진나라 대부에게 소귀를 잡게 하고 자기가 먼저 삽혈하는 바람에 분쟁을 야기했다.[10]

따라서 미병지회에서 우위를 점한 나라는 초나라였다. 그 이유는 간단했다. 당시 초나라는 이미 남방의 강국이 되었고 진나라는 내리막길을 걷기 시작했기 때문이다. 강력한 군사력을 믿었기에 초나라는 강경한 입장과 태도를 고수했다. 갖가지 외교적 수사는 화려한 가면에 불과했다.

152

9 『좌전』정공定公 8년의 양보쥔 주 참고.
10 『좌전』정공 8년 참고.

총구에서 나오는 것은 권력만이 아니다. 아이디어도 나오고 생억지
도 나온다.

사실 그 '세계평화회담'(미병지회)은 대국들의 클럽에 지나지 않았다.
소국들은 명령에 따르는 것 외에는 별로 발언권이 없었다. 소국의 대
표자들은 나라의 주권과 존엄성을 지키기는커녕 자신의 생명을 보전
하는 것조차 쉽지 않았다.

숙손표叔孫豹를 예로 들어보자.

사나이
숙손표

숙손표는 하마터면 피살당할 뻔했다.

노나라 대부 숙손표는 뛰어난 외교관이었다. 그는 노나라 재상 계무자季武子와 일을 나누어 자신은 외교를, 계무자는 내정을 담당했다. 그래서 기원전 546년의 송지맹宋之盟, 기원전 541년의 괵지회虢之會에서 숙손표는 노나라의 수석대표였다. 그리고 그가 피살당할 뻔한 사건은 괵지회에서 벌어졌다.

이른바 괵지회는 5년 전 미병지회의 연속이었다. 회의 장소가 동괵東虢(옛 성이 지금의 허난 성 정저우 안에 있다)이어서 그런 이름이 붙었다. 동괵은 본래 주 문왕文王의 동생 괵숙虢叔의 나라였고 나중에 정나라에게 멸망당해 이때는 정나라의 영토였다.

그러면 미병지회가 열린 뒤에 왜 또 괵지회가 열렸을까?

표면적인 이유는 다시 세계평화를 천명하기 위해서였고 실제적인 원인은 초나라가 패권을 유지하기 위해서, 심지어 자위가 위력을 과시하기 위해서였다. 그래서 회의 전에 초나라 대표단은 앞으로는 삽혈을 하지 말자고 제안했다. 왜냐하면 지난번 회의에서 초나라가 먼저 삽혈했기 때문에 이번에도 하게 되면 마땅히 진나라에게 첫 번째 순서를 양보해야 했기 때문이다. 삽혈을 아예 폐지하면 초나라가 계속 맹주 노릇을 할 수 있었다. 진나라 대표단의 단장 조무는 이번에도 양보했으며 회의는 전체적으로 별 잡음 없이 빠르게 진행되었다.

이때 자위는 눈에 띄게 거들먹거렸다.

그는 당연히 득의양양했다. 5년 전 미병지회에서 초나라의 수석대표는 굴건이었지만 1년 뒤 강왕과 굴건이 차례로 세상을 떠났다. 강왕의 후계자가 나약하고 무능했기 때문에 자위는 대권을 독차지하고 군주를 마음대로 주무르고 있었다. 이번에 나라 밖으로 나와서는 공공연히 초왕의 상징물을 사용해 회의에서 가장 뜨거운 논란의 대상이 되었다. 각국 대표들이 지적하고 나섰지만 자위는 끄덕도 하지 않았다.

그런데 초나라인이 득세하고 각국의 의론이 분분한 가운데 회의가 막을 내릴 즈음, 전쟁이 발발했다.

전쟁을 일으킨 인물은 노나라의 계무자였다. 계무자는 선전포고도 없이 거莒나라의 도시 운鄆(지금의 산둥 성 이수이沂水)을 습격해 점령했다. 거나라는 즉시 이 일을 회의에 고발했다. 거나라는 역사적으로 한때는 노나라의, 또 한때는 초나라의 종속국이었다. 이번에 노나라에게 침탈을 당했기 때문에 그들은 당연히 초나라가 나서주기를 바랐다. 물론 초나라 역시 맹주를 자처하고 있었으므로 관여하지 않을 수 없었다. 더구나 그 일은 세계평화회담 기간에 일어났으므로 그냥 넘어가는 것은 말이 되지 않았다.

그래서 초나라 대표단은 노나라의 수석대표 숙손표를 죽여 세상에 사죄하게 하는 데 동의해달라고 정식으로 진나라에 요청했다.

진나라는 뭐라고 답했을까?

답하기가 대단히 곤란했다.

초나라가 밝혔듯이 평화회담이 아직 끝나지도 않았는데 노나라가 전쟁을 일으킨 것은 회의에 대한 공공연한 도전이자 맹약에 대한 모독이었다. 그러나 그 일은 계무자가 저지른 것이지 숙손표는 관련이 없었다. 그런데도 숙손표를 죽인다면 그에게 억울한 누명을 씌우는 것이었다.

진나라 대표단의 단장 조무의 보좌관은 이 기회를 틈타 숙손표에게 뇌물을 요구했다. 이 보좌관은 사자를 보내 숙손표가 금품을 주면 대신 사정을 이야기해주겠다는 뜻을 넌지시 전했다.

물론 보좌관의 말은 매우 완곡했다. 겉으로는 허리띠를 하나 달라고 했을 뿐이다.

숙손표는 단호히 거절했다.

156

목숨이 위험한 처지인데도 그는 이렇게 말했다.

"우리는 나라를 지키기 위해 맹회에 참가했소. 나라에 큰일이 생겼으면 어쨌든 누구라도 죄를 떠안아야 하오. 만약 내가 뇌물을 써서 죽음을 면한다면 저들은 분풀이를 할 길이 없어 틀림없이 노나라를 공격할 것이오. 이것은 나라에 재앙을 가져오는 것이니 어떻게 나라를 지킨다고 할 수 있겠소? 하물며 사신은 주군의 명을 받들어 자신의 나라를 대표하오. 나라에 큰일이 생겼는데 돈을 써서 사익을 추구한다면 공사를 구분 못하는 게 아니겠소? 이런 선례는 절대로 남겨서는 안 되오. 나 숙손표는 차라리 죽을지언정 절대로 뇌물을 줄 수 없소!"

이어서 비단 한 조각을 찢어 그 사자에게 주며 또 말했다.

"내 허리띠는 너무 좁구려. 이것을 가져가시오!"

이 일을 전해 듣고 조무는 깊이 감동하여 말했다.

"큰 화가 닥쳤는데도 나라를 잊지 않는 것은 충성심이고 재난 앞에서도 직분을 지키는 것은 성실함이며 조국을 위해 희생을 아끼지 않는 것은 굳은 의지다. 그리고 어떤 일이 생겼을 때 먼저 충성과 절개를 떠올리는 것은 도의다. 이런 사람을 어떻게 죽일 수 있단 말인가?"

당연히 죽일 수 없었다.

157　실제로 진나라 대표단만 숙손표를 보호한 것이 아니라 나중에는

초나라인도 그가 빠져나갈 길을 마련해주었다. 왜냐하면 조무의 말처럼 한 나라의 대신들이 다 숙손표처럼 나라 안팎에서 위험과 고난을 피하지 않는다면 그 나라는 아무것도 두려울 것이 없기 때문이었다. 이 점은 대국이든 소국이든 다 마찬가지였다.[11]

그래서 숙손표를 지켜주어야 했다.

그렇다. 숙손표를 지켜주는 것은 곧 어떤 절개와 정신을 지키는 것이었다. 또한 그런 절개와 정신을 가진 사람은 바로 사나이 대장부였다. 사나이는 존중을 받아 마땅했다. 그가 사신이 아니라 반드시 죽여야 하는 철천지원수여도 그래야 했다.

숙첨叔詹의 예를 살펴보자.

---

11 이 장은 『좌전』 소공 원년과 『국어』 「노어하魯語下」의 내용을 종합했다.

의로움과
지혜

숙첨은 진 문공 중이가 죽이라고 지명한 인물이었다.

기원전 637년, 나라 밖을 떠돌던 진晉나라 공자 중이는 정 문공으로부터 오만불손한 대접을 받았지만, 이듬해에 진秦나라 군대의 호위를 받으며 귀국해 진나라의 군주, 진 문공이 되었다. 그리고 6년 뒤인 기원전 630년, 진 문공은 과거의 원한을 갚는 동시에 정나라가 성복 대전에서 초나라 편에 선 죄를 응징하기 위해 진秦나라와 손잡고 정나라 토벌에 나섰다. 두 나라의 연합군은 도도한 기세로 정나라 도성 아래에 이르렀다. 당시 진晉나라 군대는 이미 성벽 위의 성가퀴矮墻(몸을 숨겨 적을 공격할 수 있도록 성벽 위에 낮게 덧쌓은 담)를 넘어뜨렸다고 한다.

정나라는 갖은 수단을 다 동원해 용서를 빌었지만 소용이 없었다. 이때 진 문공이 큰소리로 외쳤다.

159 "숙첨을 내놓으면 철군하겠다."

숙첨은 진 문공에게 대체 무슨 죄를 지었을까?

설마 과거에 정 문공은 숙첨의 조언에 따라 중이를 푸대접했던 것일까?

그렇지 않았다. 정반대로 숙첨은 정 문공에게 중이를 후하게 대접하라고 권했다. 단지 자기 말이 받아들여지지 않자 이렇게 말했을 뿐이다.

"그를 예로써 대하지 않으시려면 죽이십시오."

숙첨은 중이가 비범한 인물이어서 언젠가 군주가 될 것이며 그때가 되면 틀림없이 보복할 것이라고 예상했던 것이다.

결국 숙첨의 생각이 옳았음이 증명되었다.

그런데 정 문공은 비록 과거에 큰 실수를 저지르기는 했어도 이때는 사나이다운 태도를 보였다. 숙첨을 내주기를 거부했고 심지어 숙첨에게 그런 사정을 알리지도 않았다.

이때 숙첨이 용감하게 나섰다. 나라를 위해 희생하겠다는 각오로 혼자 진나라 진영에 가서 당당하게 말했다.

"내 보잘것없는 목숨으로 백성들의 생명과 나라의 안녕을 바꾸겠소!"

진나라인은 커다란 솥을 내걸었다. 그를 삶아죽일 작정이었던 것이다.

숙첨은 또 말했다.

"할 말을 마치고 죽게 해주십시오."

진 문공이 응낙하자 그가 말했다.

"하늘이 재앙을 내려 우리 정나라에 큰 화가 닥쳤습니다. 오늘의 이 사태를 소신은 과거에 이미 예견했습니다. 그때 소신이 현명한 분을 알아본 것은 지혜입니다. 그리고 지금 살신성인하여 조국에 보답하고자 함은 충성입니다."

말을 마친 뒤, 숙첨은 그 솥 안으로 들어가 솥의 두 귀를 꽉 잡고 푸른 하늘을 향해 큰 소리로 외쳤다.

"나를 죽이십시오! 향후에 지혜와 충성으로 나라에 보답하는 이들은 모두 저와 같은 최후를 맞을 겁니다!"

진 문공은 즉시 자리에서 일어나 숙첨을 풀어주라고 명했다. 그리고 성대한 예를 베풀어 그를 돌려보냈다.

정나라로 돌아온 숙첨은 당연히 사람들에게 추앙을 받았지만 유감스럽게도 사태는 그것으로 끝나지 않았다. 원한을 삭히지 못한 진 문공이 또 다른 요구를 해왔기 때문이다. 그는 직접 정 문공을 만나 한바탕 모욕을 주고 일을 마무리 지으려 했다. 정 문공이 도성 밑으로 나와 굴욕적인 항복의 맹세를 해야 한다는 것이었다.

그런 맹세를 한다면 나라의 치욕이었고 하지 않으면 나라가 망할 수밖에 없었다. 이런 진퇴양난의 상황에서는 당연히 외교관의 중재가 **161** 절실했다.

이때 정나라가 파견한 외교관의 이름은 촉지무燭之武였다.

정 문공은 친히 그를 청하여 임무를 맡겼다. 그 전까지 그는 전혀 관심을 못 받는 인물이었던 것 같다. 그래서 정 문공이 찾아왔을 때 그는 이렇게 답했다.

"소신은 젊었을 때도 남들보다 못한 사람이었습니다. 하물며 이렇게 늙어서 무슨 일을 하겠습니까?"

정 문공은 몸을 낮추고 간곡하게 말했다.

"과거에 선생을 중용하지 않은 것은 과인의 불찰이오. 하지만 어쨌든 정나라가 망한다면 선생에게도 이롭지 못하지 않소?"

그래서 촉지무는 야음을 틈타 진秦나라 진영에 잠입하여 진 목공을 만났다.

촉지무의 방법은 옳았다. 이때 문공을 공략하는 것은 이미 사태 해결에 도움이 되지 않았다. 더 근본적인 방안은 목공을 움직여 적의 분열을 꾀하는 것이었다. 그러나 감정적인 호소도, 논리적인 설명도 먹힐 리가 없었다. 목공을 설득시킬 수 있는 무기는 오직 이해득실밖에 없었다.

진나라 진영에 잠입한 촉지무는 진 목공에게 세 가지 문제를 제기했다.

첫 번째는 정나라의 멸망이 진나라에 유리한가였다. 촉지무는 전혀 유리할 게 없다고 결론을 내렸다. 왜냐하면 진秦나라와 정나라 사 **162**

이에 진晉나라가 있었기 때문이다. 두 진나라가 정나라를 나눠 갖는다고 해도 진秦나라에게 돌아가는 것은 비지飛地(한 국가의 지배하에 속하는 영토로서 지역적으로 연속되어 있지 않고 다른 국가의 영토에 둘러싸여 존재하는 영토)여서 실질적으로 점유하기가 매우 어려웠다. 그렇게 되면 진晉나라만 이득이고 진秦나라는 크게 손해를 입는데다 추가로 계속 인력과 재물을 쏟아 부어야 했다.

두 번째는 정나라를 보존시키는 것이 진나라에 유리한가였다. 촉지무는 유리하다고 결론지었다. 왜냐하면 진나라는 서쪽에, 정나라는 중원에 있었기 때문이다. 진나라는 다른 나라와 교류할 때면 대부분 정나라에게 길을 빌려 동쪽으로 가야 했다. 정나라는 그럴 때마다 갖가지 편의를 제공해줄 수 있었다. 이처럼 정나라 전체가 역참과 숙소 역할을 해주는 것이 진나라로서는 당연히 유리했다.

그리고 세 번째는 두 진나라의 연합이 신뢰할 만하냐는 것이었다. 결론은 부정적이었다. 과거에도 진 혜공이 헌신짝처럼 신의를 저버린 적이 있었다. 더구나 진晉나라는 야심이 끝도 없었다. 지금 무력으로 정나라를 손에 넣어도 계속 서쪽으로 영토를 확장할 것이 뻔했다. 그런데 서쪽에는 진秦나라 말고는 그들의 배를 두둑하게 불려줄 나라가 없었다. 그러므로 진秦나라 입장에서 진晉나라와 손을 잡고 정나라를 멸하는 것은 손해를 보고 남을 이롭게 하는 것을 넘어 자기 집에 늑대를 들이는 것과 다름없었다.

마지막으로 촉지무가 목공에게 호소했다.

"군주께서는 부디 심사숙고하소서!"

진 목공은 당연히 그의 말뜻을 알아들었다. 즉시 단독으로 정나라와 평화 협정을 맺고 군대를 보내 영토를 지켜주었다. 이 소식을 듣고 진晉나라 대부가 진秦나라군을 치자고 청했지만 진 문공은 동의하지 않았다. 그는 말했다.

"진秦나라가 없었으면 지금의 과인도 없었을 것이다. 은혜를 베푼 사람을 적으로 돌리는 것은 인仁이 아니며 동맹국을 잃고 새로 적을 만드는 것은 지혜가 아니다. 또한 평화를 버리고 전쟁을 야기하는 것은 용맹함이 아니다. 그만 돌아가자!"

결국 진 문공은 군대를 철수했다.[12]

위태로웠던 정나라는 마침내 평화를 얻었다. 이것은 숙첨과 촉지무, 의로움과 지혜가 함께 이뤄낸 승리였다.

---

12 이 장은 『좌전』 희공 30년, 『국어』 「진어사」, 『사기』 「정세가鄭世家」의 내용을 종합했다.

패전국의
운명

정 문공은 가슴을 쓸어내렸을 것이다. 패전국이 되었다면 고난을 감수해야 했을 것이기 때문이다.

사실 33년 뒤, 정나라는 정말 패전의 아픔을 맛보았다. 다만 이번에는 승리자가 초나라였다. 기원전 597년, 양로가 전사하고 지앵이 포로가 된 바로 그 해에 초 장왕은 정나라가 초나라와 진나라 사이에서 오락가락한다는 이유로 이 '박쥐'를 혼내기로 결정했다. 그 해 봄, 초나라군은 정나라 도성을 포위했으며 석 달 뒤에 정나라는 마지막 방어선이 무너졌다. 정 양공襄公은 항복하는 것 말고는 다른 길이 없었다.

투항은 무조건적이었다. 패전국의 군주로서 양공은 웃통을 벗고 양을 끌고 나와 항복 문서를 전달했다. 항복 문서의 내용은 분명했다. 정나라의 국토와 백성, 그리고 그 자신을 모두 초나라의 처분에 맡긴다는 것이었다. 초나라 군주가 자비를 베풀지 않으면 정나라는 초나라의 일부가 될 운명이었다.

항복 문서를 건네고서 정 양공은 처분이 내려지기만 기다렸다.

확실히 패전국은 스스로 운명을 결정할 수 없었다. 그들의 앞날은 꽤 여러 가지로 나뉘었다. 가장 나은 경우는 패배를 인정한 것만으로 승전국이 관용을 베풀고 함께 삽혈을 해 동맹을 맺는 것이었다. 그 다음은 나라는 안 망했어도 승전국의 종속국이 되는 것이었다. 또한 더 나쁜 경우는 패전국의 백성들이 조국에서 쫓겨나 다른 곳으로 이주하는 것이고, 가장 나쁜 경우는 모든 백성이 노예가 되어 공물이나 상품 취급을 받게 되는 것이었다. 물론 그 옛날 유태인의 '바빌론 유수'처럼 모두가 승전국에 포로로 끌려갈 가능성도 있었다. 불운한 군주나 태자가 제단에 희생물로 바쳐져 칼에 베이기도 했다.

위의 내용을 뒷받침하는 예로 채 영공靈公이 있다.

채 영공은 본래 채 경공景公의 태자였다. 기원전 543년, 채 경공은 태자에게 초나라 여인을 아내로 얻어주고서 그 여인, 다시 말해 자신의 며느리와 사통했다. 태자는 이를 참지 못해 경공을 죽이고 군주의 지위를 계승했으니 이 사람이 바로 영공이다. 그러나 채 영공이 살해된 것은 군주를 시해했기 때문이 아니라 초나라에 불충했기 때문이다. 그가 모신 초나라 군주는 하필이면 또 영왕靈王이었다. 앞에서 말한 것처럼 시호가 '영靈'인 군주는 하나같이 다 문제가 있었다. 예컨대 하희와 정을 통하다가 그녀의 아들에게 피살된 군주는 진陳 영공이었고 자라를 먹다가 생긴 다툼 때문에 대신들에게 피살된 하희의 오빠는 정 영공이었으며 자객을 보내 대신을 암살하려다 거꾸로 죽임을 당한 군주는 진晉 영공, 귀족 포로에게 명령을 전할 때 환관을 보내는 실수를 저지른 군주는 제 영공이었다. 마찬가지로 이제 채 영공이 초 영왕을 만났으니 그 끝이 좋을 수가 없었다.

기원전 531년, 그러니까 자기 아버지를 시해한 지 12년 만에 채 영공은 초 영왕에게 속아 어떤 곳으로 유인되어 간 뒤, 술에 취해 생포되어 살해당했다. 그와 동시에 초 영왕은 군대를 보내 채나라를 포위하게 했다. 이때 채나라 태자는 백성들을 지휘해 용감히 저항했지만 결국 힘이 모자라 성이 함락되고 자신도 포로로 잡혔다. 초 영왕은 그 역시 살해해 제단에 재물로 바쳤다.[13]

여기에서 패전국의 비참한 운명을 조금이나마 엿볼 수 있다.

그러면 정 양공의 운명은 어땠을까?

그는 운이 좋았다. 당시의 초나라 군주는 아직 영왕이 아니라 장왕이었기 때문이다. 장왕은 정나라를 멸하자는 이들의 건의를 물리치고 오히려 군대를 30리 밖으로 철수시킨 뒤, 정나라와 평화조약을 맺었다.[14]

하지만 그렇다고 해서 초 장왕이 관세음보살처럼 자비로운 인물이었다고 생각하면 큰 오산이다. 바로 그 전 해에 그는 하희의 아들을

---

13 이 일은 『좌전』 소공 11년 참고.
14 이 일은 『좌전』 선공 12년 참고.

응징한다는 명목으로 진陳나라를 점령하고 초나라에 편입시키기로 결정했다. 만약 그때 한 초나라 외교관의 충고가 없었다면 진나라는 멸망했을 것이며 그 이듬해에 정나라도 좋은 결말을 맞지는 못했을 것이다.

그 초나라 외교관의 이름은 신숙시申叔時였다.

초 장왕이 진나라를 침공할 때 신숙시는 마침 제나라에 사신으로 가 있었다. 임무를 마친 후 그는 귀국해 관례대로 장왕에게 보고를 올렸다. 그런데 보고를 마친 뒤 아무 말 없이 물러갔다. 이상하게 생각한 장왕은 사람을 시켜 그를 불러와 물었다.

"과인이 승리를 거두고 돌아와 모두가 축하를 아끼지 않는데 왜 자네만 한 마디도 하지 않는가?"

신숙시가 물었다.

"이유를 말씀드려도 되겠습니까?"

"물론일세."

신숙시가 말했다.

"어떤 사람이 소를 끌고 와 다른 사람의 밭을 짓밟게 한다면 그것은 당연히 죄입니다. 그러나 벌을 준다고 그의 소까지 몰수하면 너무 심한 처사입니다. 이번에 제후들이 대왕을 따른 것은 대왕이 그 난신적자를 응징하려 하셨기 때문입니다. 그런데 그 기회를 틈타 진나라를 초나라의 영토로 만든다면 어찌 작은 이익을 탐하는 형국이 아니 **168**

겠습니까?"

장왕이 물었다.

"그렇다면 진나라를 돌려주면 되겠는가?"

"소신 같은 소인들은 '돌려주는 것이 돌려주지 않는 것보다 낫다'라
는 말을 입에 달고 삽니다."

그래서 초 장왕은 진나라를 회복시켜주었다.[15]

이런 사실로부터 과거에 숙첨과 촉지무가 얼마나 큰 공을 세웠는
지 가늠할 수 있다. 실제로 촉지무가 없었다면 진秦나라가 철수했을
리 없고 숙첨이 없었다면 진晉나라도 포기했을 리가 없다. 아마도 마
지막 결정을 내리는 순간, 진 문공은 머릿속에서 숙첨의 그림자를 떨
쳐내지 못했을 것이다. 사실 정치든, 외교든, 전쟁이든 모두 그 목적
은 국가의 이익이다. 따라서 가장 결정적인 작용을 하는 것은 틀림없
이 이익이며 진 목공이 이를 입증했다. 하지만 사람을 감동시키는 것
은 의로움이니 이것은 진 문공에게서 입증되었다.

그러면 초 영왕이 채나라를 멸한 것은 어땠을까?

아무도 긍정적으로 생각하지 않았다. 사태가 벌어지기 전, 진晉나
라의 정치가 숙향과 정나라의 정치가 자산은 채나라가 망할 것이며
초 영왕도 좋은 결말을 맞지는 못할 것이라고 단언했다. 그들의 의견
은 거의 일치했다. 채 영공이 죄를 지었으므로 하늘이 초나라인의 손
을 빌려 그를 멸망시킬 것이라고 보았다. 또한 초 영왕도 수많은 불의

---

15 이 일은 『좌전』 선공 11년 참고.

를 저질렀으므로 하늘이 그로 하여금 채나라를 멸하게 함으로써 그의 죄과를 더 무겁게 만들 것이라고 했다.

그리고 주 경왕景王 수하의 장홍萇弘이라는 대부도 사건이 일어나기 직전, 점성술의 관점에서 그것을 예언했다. 채 영공이 군주를 시해한 해에 세성歲星(목성)이 영실營室(페가수스자리의 두 별)에 있었는데 지금 또 세성이 영실에 들어섰으므로 반드시 업보를 치를 것이라고 했다. 또한 초 영왕이 군주를 시해한 해에는 세성이 대량大梁(황소자리)에 있었는데 2년 뒤 또 세성이 대량에 들어설 것이므로 역시 그때 업보를 치르고 채나라는 기사회생할 것이라고 보았다.[16]

숙향, 자산, 장홍의 예측은 다 옳았다. 기원전 529년, 초나라에 내란이 일어나 영왕은 스스로 목숨을 끊었고 채나라인은 나라를 되찾았다. 모든 것이 정확히 들어맞았다.[17]

참으로 신기한 일이다. 정말로 하늘의 뜻이 존재하는 것일까?

---

16 이 말은 『좌전』 소공 11년에 나온다.
17 이 일은 『좌전』 소공 13년 참고.

제6장

귀신

하늘은 모든 것을 알았을까

왜 점을 쳐야 하는가

믿고 안 믿고는 당신에게 달렸다

신은 인간이었다

산귀와 무당

중국인에게는 신앙이 없다

하늘은
모든 것을 알았을까

점괘가 나온 뒤, 사람들은 일제히 곡을 했다.

그때는 기원전 597년의 봄이었다. 초 장왕의 군대가 정나라 도성을 포위한 지 일주일 만에 정나라인들은 점을 쳤다. 그들은 먼저 "초나라와 강화할 수 있을까요?"라고 물었지만 부정적인 징조가 나왔다. 그 다음에는 "종묘에서 곡을 하고 수레를 거리에 몰고 가 시가전을 벌여야 할까요?"라고 물었다. 그래야 할 것이라는 답이 나왔다. 이에 사람들은 종묘로 가서 크게 곡을 했고 성을 지키던 전사들도 성벽 위에서 곡을 했다.

결국 초나라인은 군대를 뒤로 물려 정나라인이 성을 튼튼히 할 시간을 내주었다.

물론 투항을 권유할 의도도 있었을 것이다.[1]

바로 그때, 진晉나라의 대군도 호호탕탕 그곳으로 진군하고 있었다.

---

1 투항을 권유하는 것에 관한 내용은 통수예의 『춘추사』 참고.

정나라가 포위되었다는 급보를 받고 급히 달려가는 중이었다. 진과 초, 이 양국의 패권 전쟁에서 정나라는 진나라의 어린 동생이나 다름 없었다. 동생이 매를 맞는데 형이 어떻게 보고만 있을 수 있겠는가? 당연히 박차고 나서야 했다.

이번에 진나라군은 호화로운 진용을 갖췄는데 그 명단은 다음과 같았다.

중군中軍
사령관 순림보荀林父
부사령관 선곡先穀
대부 조괄趙括, 조영제趙嬰齊

상군上軍
사령관 사회士會
부사령관 극극郤克
대부 공삭鞏朔, 한천韓穿

하군下軍
사령관 조삭趙朔(조무의 아버지)
부사령관 난서(난침의 아버지)

대부 순수(지앵의 아버지), 조동趙同

전군全軍
사마司馬(군법관) 한궐韓厥

진나라군은 삼군三軍이라 불리면서도 실제로는 육군六軍이었다. 삼군의 사령관과 부사령관이 각기 직할 부대를 거느렸기 때문이다. 그리고 각 군마다 대부 두 명이 있으며 중군 사령관이 곧 총사령관이었다. 요컨대 정나라가 포위되었을 때, 진나라군은 순림보의 지휘 아래 여섯 부대가 일제히 출동했다.

그러나 정나라는 항복했다.

그것은 필연적인 일이었다. 더 버틸 수 없었기 때문이다. 초나라군에 포위된 지 3개월 만에 정나라의 도읍은 함락되었다. 정 양공은 웃통을 벗고 양을 끌고 나와 항복 문서를 전달했다. 초 장왕은 군대를 30리 밖으로 철수시키고 정나라와 평화조약을 맺었다.

이 소식을 들었을 때 진나라군은 황하의 강가에 있었다. 이제 전진하느냐 후퇴하느냐가 문제로 떠올랐다.

계속 전진하는 것은 무의미했고 명분도 없었다. 정나라가 이미 항복했기 때문에 구원할 대상 자체가 사라졌기 때문이다. 그러나 무작정 후퇴하기도 곤란했다. 돌아가서 군주에게 뭐라고 보고한단 말인가?

이처럼 어찌할 수 없는 상황에서 진나라와 초나라가 격돌한 전쟁이 바로 '필지전'이다.

필지전의 진행 과정은 복잡하고 어지러웠지만 결과는 분명했다. 초나라군의 대승, 진나라군의 대패였다. 진나라군에서 유일하게 패하지 않은 부대는 사회가 지휘하는 상군이었으며 먼저 철수한 부대는 조영제 휘하의 일부 중군이었다. 왜냐하면 그들은 사전에 이미 패전의 준비를 마쳐놓았기 때문이다. 참패한 다른 부대들은 어둠을 틈타 밤을 새며 황하를 건넜다. 순수의 아들 지앵은 이 전쟁에서 포로가 되었다. 그래서 순수는 퇴각 도중에 어쩔 수 없이 되돌아가 하희의 남편 양로를 쏴죽이고 초나라 왕자를 인질로 잡아 훗날 자기 아들과 맞바꿨다.[2]

이 전쟁에서 진나라는 완벽하게 패했다.

이런 결말은 어느 정도 예견되던 바였다. 사실 처음부터 진나라 육군의 사령관 여섯 명과 장군 열두 명은 의견이 심각하게 갈렸다. 중군 부사령관 선곡, 중군대부 조괄, 하군대부 조동은 초나라와 죽기살기로 싸우자고 주장했다. 반면에 상군 사령관 사회, 하군 사령관 조삭, 하군 부사령관 난서, 하군대부 순수는 가능한 한 적과의 충돌을 피해야 한다고 생각했다. 비록 중군 사령관 순림보가 총사령관이기는 했지만 새로 임명된 터라 권위가 높지 않았다. 더구나 두 파벌

---

2 지앵을 맞바꾼 일은 이 책 제3장 참고.

사이에 끼어 갈팡질팡하면서 전혀 자기 주장을 펴지 못했다.

이때 선곡이 무턱대고 사고를 쳤다. 그는 말했다.

"지휘관으로서 다들 이렇게 나약하다니 도저히 참을 수 없소. 진나라의 패권을 우리 손으로 잃느니 차라리 죽는 게 낫소이다!"

그래서 그는 자기 부대를 이끌고 강을 건넜다.

그것은 경거망동이었다.

이 경거망동으로 인해 선택의 여지가 사라졌다. 선곡이 강을 건넌후, 군법관 한궐이 순림보에게 말했다.

"저 부대는 단독으로 적진 깊숙이 들어갔으니 태반이 돌아오지 못할 겁니다. 장군은 총사령관입니다. 그런데 휘하 부대가 지휘에 따르지 않았으니 이것은 누구의 죄입니까? 더구나 속국을 잃은 것이든 장병을 잃은 것이든 모두 대죄입니다. 기왕 이렇게 된 이상, 진군하는 것이 낫습니다. 설령 패전하더라도 여섯 명이 책임을 나눠 가질 테니장군 혼자 죄를 뒤집어쓰는 것보다는 낫습니다."

진나라군은 그제야 한꺼번에 강을 건너 진지를 구축했다.

황하를 건넌 뒤에도 진나라 장수들은 옥신각신했다. 중군 부사령관 선곡은 줄곧 자기 고집만 내세웠다. 상군 사령관 사회와 부사령관 극극이 전투태세를 더 강화해야 한다고 했지만 선곡은 이번에도반대였다. 사회는 어쩔 수 없이 상군대부 공삭과 한천에게 매복을 지시했고 중군대부 조영제는 몰래 철수할 선박을 준비했다. 결국 이 두 **176**

부대는 전력을 보전했다.

이처럼 사공이 많아 배가 산으로 가는 형국이었으니 어떻게 패하지 않을 수 있었겠는가?

한편 초나라인은 여유가 넘쳤다. 심지어 장왕은 맨 처음에는 싸움을 할 생각도 없었고 나중에 승리를 거뒀을 때도 진나라군을 끝까지 몰아붙이지 않았다. 앞의 제3장에 초나라군이 진나라군에게 수레를 고치게 해 도망칠 길을 열어준 이야기가 나오는데, 바로 이 전쟁에서 탄생한 일화다. 참패한 진나라군이 밤에 강을 건널 때도 장왕은 쫓아가 섬멸하라는 지시를 내리지 않았다. 이 일은 그가 정나라에 대해 취한 너그러운 조치와 마찬가지로 그의 위엄을 세워주었다. 그래서 사회는 이렇게 말했다.

"장왕은 덕행, 형벌, 법령, 사무, 제도, 예의, 이 여섯 가지 방면에서 모두 흠잡을 데가 없다. 이처럼 태산처럼 굳건한데 어찌 승리하지 않을 수 있겠는가?"[3]

그러면 이 모든 것을 하늘은 미리 알고 있었을까?

알고 있었다고 말한 사람이 있다. 60년 뒤, 어떤 사람이 필지전의 결말은 점괘를 통해 이미 예언된 바 있다고 주장했다. 다만 그 점괘는 필지전보다 35년 일찍 벌어진 성복대전에서 나왔다. 그 당시 점괘의 결과는 초나라가 이기고 진나라가 패하는 것이었는데 뜻밖에도 진나라가 이기고 초나라가 패했다. 그러나 점괘는 틀릴 리가 없으므로

---

3 위의 일은 『좌전』 선공 12년 참고.

훗날 필지전에서 필연적으로 초나라가 이길 수밖에 없었다는 것이다.

실로 기괴한 논리다. 이런 기괴한 말을 한 사람은 누구였을까?

바로 궐유蹶由다.

왜 점을
쳐야 하는가

궐유는 오나라의 왕 이말_{夷末}의 동생이었다.

사실 오나라도 오래된 문명국으로서 그 시조는 주 문왕의 백부 오태백_{吳太伯}이었다. 그런데 이 문명국은 서주와 동주 시대에 거의 소식이 끊어지다시피 했다. 춘추 시대 중엽이 되어서야 오나라의 이름이 처음 『춘추』에 나타나고 오나라의 군주도 『좌전』에 출현한다. 둘 다 같은 해의 기록이다. 왜냐하면 바로 그 해, 우리에게 익숙한 인물이 오나라에 갔기 때문이다.

그 인물은 바로 하희의 마지막 남편 무신이었다.

기원전 584년 혹은 그 전 해에 이미 진_晉나라 대부가 된 무신은 허락을 받고 오나라에 사신으로 가서 오왕 수몽_{壽夢}을 만났다. 그리고 진나라와 동맹을 맺으라고 권했다. 그 목적은 초나라를 상대하기 위해서였다.

179

초나라에 대한 무신의 반감은 필연적이었다. 우선 초나라는 진나라의 숙적이었다. 성복대전부터 필지전까지 양국은 끊임없이 전쟁을 벌였다. 이에 연루된 중급 규모의 국가(정나라와 송나라)와 소국(초나라에 붙은 심沈나라와 진나라에 붙은 강江나라 등)도 곤욕을 치렀다. 아울러 그 전에 초나라의 대부 자중과 자반은 무신의 일족과 하희의 예전 애인(양로의 아들)을 학살했다. 자반이 살인을 한 것은 무신이 하희를 데리고 달아났기 때문이었고, 자중이 살인을 한 것은 과거에 무신이 그가 상으로 영지領地를 받는 것을 저지했기 때문이었다. 양쪽의 원한은 풀려야 풀 길이 없었다. 그 깊디깊은 원한이 한 편의 드라마틱한 대형 역사극을 연출하게 된다.

무신이 오나라에 사신으로 간 것은 그 역사극의 서막이었다.

복수를 결심한 무신은 수레 30대를 가져가면서 그것을 모는 병사와 궁수까지 대동했다. 그 수레와 병사들을 활용해 그는 오나라인에게 전법과 진법, 공성술을 가르쳤다. 아울러 자기 아들에게 오나라의 외교를 맡겨 중원 각국과 외교 관계를 맺게 했다. 군사와 외교, 이 두 수단이 확보된 오나라는 초나라를 공략하기 시작했다. 소巢(지금의 안휘 성 차오후巢湖), 서徐(지금의 안후이 성 쓰泗 현)를 차례로 치고 주래州來(지금의 안후이 성 펑타이鳳台)를 점령했다. 이처럼 숨 돌릴 틈도 안 주는 공격에 자중과 자반은 기진맥진하고 말았다.[4]

이때부터 오나라는 초나라의 숙적이 되었다.

---

4 이 일은 『좌전』 성공 7년 참고.

기원전 537년, 초나라는 월越나라, 동이東夷와 손을 잡고 오나라를 쳤다. 그러나 방비가 부족해 초나라의 한 부대가 오나라에게 패했고 이에 오왕은 궐유를 보내 그들을 위문하게 했다. 춘추 시대에 그것은 귀족의 예의였다. 그런데 초나라인은 무도하게도 궐유를 붙잡아 그를 죽이고 그의 피를 북에 칠하려 했다.

그것은 터무니없는 일이었다.

궐유는 오왕의 동생이자 오나라의 왕자였다. 게다가 예의를 갖춰 위문을 왔는데 환대를 하기는커녕 어떻게 그를 붙잡을 수 있단 말인가? 또한 그 전투에서 승리자는 오나라였고 궐유도 포로가 아니었는데 어떻게 그를 죽일 수 있단 말인가? 두 나라의 교전에서 서로의 사신을 죽이지 않는 것은 당시의 국제관례이자 최소한의 예의이기도 했다. 이를 어기는 것은 천부당만부당했다.

하지만 이때의 초나라 군주는 영왕이었다. 그가 터무니없는 것은 별로 이상하지 않았다.

궐유는 형장으로 끌려갔다.

초 영왕은 사람을 보내 그에게 물었다.

"떠나오기 전에 점을 쳤는가?"

궐유는 답했다.

"쳤습니다. 길하다고 했습니다."

181 알 수 없는 일이었다. 정말 길하다면 왜 형장의 이슬로 사라질 처지

가 되었을까?

궐유는 입을 열었다.

"이번에 소신이 왔을 때, 군주께서 따뜻하고 반갑게 맞아주셨다면 폐국은 분명히 긴장을 놓았을 겁니다. 그렇게 경계심을 풀고 위험을 잊어 방비에 소홀해지는 바람에 망국亡國에 가까워졌을 겁니다. 그런데 지금 군주께서 노기충천하여 소신을 학대하고 소신의 피로 북을 적시려 하시니 폐국도 칼을 놓고 말을 풀어놓아서는 안 된다는 것을 알게 될 겁니다. 폐국은 비록 작고 약하지만 준비만 충실하다면 그런대로 귀국을 상대해드릴 수 있을 겁니다. 관건은 유비무환이지요. 결국 군주께서 어떻게 소신을 대하시든 폐국은 잘 대응할 겁니다. 싸우든 싸우지 않든 심적인 준비를 갖출 테니 당연히 길할 수밖에 없습니다."

이어서 궐유는 또 말했다.

"더구나 폐국의 과군께서 단지 소신 한 사람을 위해 종묘에서 점을 치셨겠습니까? 나라의 백성과 사직을 위해 점을 치셨습니다. 소신은 목숨이 아깝지 않으니 청컨대 군주께서는 원하시는 대로 소신의 피를 북에 칠하십시오. 소신의 보잘것없는 목숨과 나라의 안전을 바꿀 수 있다면 이 또한 길한 일이 아니겠습니까?"

말문이 막힌 초 영왕은 어쩔 수 없이 궐유를 살려주었다. 그러나 놓아주지는 않았다. 노 소공 19년이 되어서야 궐유는 풀려나 귀국길 **182**

에 올랐다. 그때 그는 억류된 지 이미 14년이 지났고 초나라 군주도 영왕에서 평왕으로 바뀌어 있었다.

주목해야 할 것은 궐유가 마지막으로 남긴 말이다.

궐유는 이렇게 말했다.

"거북의 등갑만 있다면 무슨 일이든 점을 칠 수 있습니다. 점을 친 결과는 길이 아니면 흉이지요. 길이 있으면 흉이 있고 흉이 있으면 길이 있게 마련인데 흉이나 길이 어떤 일에 해당되는지는 누구도 확신할 수 없습니다. 예컨대 귀국이 성복에서 점을 쳐 얻은 길도 훗날 필지전에서 비로소 실현되지 않았습니까?"[5]

이 말은 검토할 만한 가치가 있다.

논리적으로 볼 때, 이른바 "성복에서의 징조가 필에서 갚아졌다城濮之兆, 其報在邲"는 말은 매번 점을 쳐서 얻어지는 징조가 즉시 실현되지는 않음을 의미한다. 물론 꼭 그렇지 않을 수도 있다. 문제는 그 실현이 늦거나 시간에 맞지 않으면, 심지어 언제 실현될지 말할 수 없다면 대체 왜 점을 쳐야 하는가? 그때는 점을 치려면 꼭 '명사命辭'(점을 묻는 내용)가 있어야 했다. 이것은 점쟁이가 손님에게 "뭐가 궁금하십니까?"라고 묻는 것과 같았다. 어쨌든 어떤 사람이 자기 사업이 성공할지 실패할지 물었는데 점친 결과가 20년 뒤의 사업에서 실현되어서는 안 되지 않는가?

183 여기에서 한 가지 의문이 제기된다. 주나라인은 귀신, 숙명, 하늘

---

5 이 일은 『좌전』 소공 5년 참고.

의 뜻, 점복占ト, 제사, 샤머니즘 등을 과연 믿었을까?

　이것은 중국인의 문화심리와 관계되는 문제이므로 짚고 넘어가지 않을 수 없다.

믿고 안 믿고는
당신에게 달렸다

주나라인은 귀신을 믿기도 하고 안 믿기도 한 것 같다.

　상나라와 마찬가지로 주나라에도 제사와 점복이 있었을 뿐더러 매
우 중요했다. 나라와 제후, 대부에게 전쟁, 동맹, 혼인, 태자 책봉 같
은 큰일이 있을 때마다 점을 치고 제사를 지내야 했다. 이 두 가지 일
은 목적이 서로 달랐다. 점복은 질문이고 제사는 기구祈求였다. 달리
말하면 점복은 귀신에게 지시를 해달라고 청해 길흉을 판단하는 것
이었고 제사는 귀신에게 일을 보고하며 복을 비는 것이었다. 이처럼
서로 역할은 달랐지만 중요성은 동일했다.[6]

　그래서 천자부터 제후에 이르기까지 왕실과 공실에는 모두 귀신과
의 소통을 담당하는 전문가들이 있었다. 그들은 축祝, 종宗, 복卜, 사
史로 나뉘었으며 그들의 책임자는 각기 태축太祝, 태종太宗, 복정卜正, 태
사太史였다. 축의 임무는 제사를 지내는 사람들을 대표해 귀신에게 말

185

6　퉁수예의 『춘추사』 참고.

을 고하는 것이었으므로 귀신의 내력과 성미를 잘 알아야 했다. 종의 임무는 제사의 절차, 장소, 기물器物의 관리였다. 따라서 축과 종이 제사를 책임졌다.

점복은 복과 사가 책임졌다. 또 복은 둘로 나뉘었다. 점을 칠 때 거북이 등갑 즉 '귀龜'를 쓰는 사람과 시초蓍草 즉 '서筮'를 쓰는 사람이 있었다. 서로 점을 치는 법을 기록한 책은 『주역周易』이라고 했다. 귀와 서는 두 사람이 각기 나누어 책임지기도 했고 한 사람이 도맡기도 했다. 점복의 결과는 사가 문서에 기록했다. 물론 사는 귀신을 공경했을 뿐만 아니라 세상일에도 관여했다. 나중에는 전문적인 사관으로 변신했다.[7]

결국 이들은 당시의 고급 지식인이자 전문적인 인재였으며 왕과 제후들의 두뇌집단이었다.

하지만 두뇌집단이었을 따름이다.

사실상 축, 종, 복, 사는 모두 기술관료인 사무관이지 정무관은 아니었고 정치가는 더더욱 아니었다. 그래서 그들의 의견은 보통 '참고 자료'일 뿐이었다. 왕과 제후들은 내키면 듣고, 내키지 않으면 듣지 않았다. 점을 친 결과가 마음에 안 들면 다시 쳐보라고 요구하기도 했다.

진 헌공의 사례를 살펴보자.

진 헌공의 이야기는 앞에서 이미 서술한 바 있다. 그는 여희를 총 186

---

7 장인린張蔭麟의 『중국사강中國史綱』 참고.

애한 나머지 아들인 신생, 중이, 이오와 반목했다. 그리고 여희를 자신의 정식 부인으로 삼으려고 관례에 따라 점복을 행했다. 처음에는 거북이 등갑을 썼는데 결과가 길하지 않았고 다음에는 시초를 썼는데 결과가 길했다. 이때 복인卜人이 말했다.

"시초보다는 거북이 등갑이 용합니다. 거북이는 동물이고 시초는 식물입니다. 동물이 식물보다 더 영험하기 때문에 귀복龜卜의 징조가 더 믿을 만합니다."

그러나 진 헌공은 그의 말을 무시했다.[8]

사실 주나라인의 점복은 일반적으로 의식이나 심리적 암시에 불과했다. 꼭 그것에 의지해 생각을 정하지는 않았다. 기원전 525년, 오나라가 초나라를 공격했다. 그때 초나라의 영윤이 전쟁의 결과에 관해 점을 쳤는데 길하지 않았다. 이에 초나라군의 사마司馬였던 공자 방魴이 말했다.

"우리가 저들보다 장강의 상류에 있는 나라인데 불리할 까닭이 없지 않습니까? 그리고 전쟁에 관한 점은 보통 사마가 명사命辭를 말하는 것이 관례입니다. 다시 해봅시다."

그래서 다시 점을 치기로 했다.

공자 방이 귀신을 향해 명사를 말했다.

"이 방이 친병을 이끌고서 필사의 각오로 선봉에 서고 초의 군대가 뒤를 따를 겁니다. 우리가 전승을 거두기를 바랍니다. 가능하겠는지

---

8 이 일은 『좌전』 희공 4년 참고. 그러나 이 해에 여희를 부인으로 삼지는 않았다.

요?”

이번에 나온 징조는 길했다.

그래서 공자 방은 군대를 이끌고 적진 깊숙이 돌진했다가 과연 전사하고 말았다. 또한 초나라군은 과연 승리를 거뒀고 오나라의 큰 배도 노획했다. 그 배는 선대의 오왕이 타던 배였기 때문에 공자 광光(훗날의 오왕 합려이자 부차의 아버지)은 필사적으로 그것을 다시 탈취했다.[9]

사서에는 그때 점을 친 사람이 누구였는지는 기재되어 있지 않다. 그리 중요한 인물이 아니었기 때문일 것이다. 사실 예언자로 간주되던 인물만이 사서에 이름을 올릴 수 있었을 것이다. 진 목공이 진 혜공을 산 채로 사로잡을 것이라고 예측했던 진秦나라의 도보徒父 같은 점술가가 그 예다.[10] 그런 '명복名卜'들은 청사靑史에 길이 이름을 남겼다.

복언卜偃에 관해 이야기해보자.

복언은 진晉나라의 복관卜官이었다. 그의 가장 뛰어난 예언은 필만畢萬의 자손이 크게 번창한다는 것이었다. 본래 진 헌공의 호위대장이었던 필만은 공을 인정받아 위魏 지역에 봉해지고 대부가 되었다. 이에 복언은 말했다.

"'만萬'은 큰 숫자이고 '위魏'(이 글자는 높고 크다는 뜻의 '외巍'와 통함)는 큰 이름이다. 군주로부터 처음 받은 상이 이토록 숭고하니, 이것은 하늘의 암시다. 천자의 백성은 '조민兆民'이라 하고 제후의 백성은 '만민萬民' 188

---

9 이 일은 『좌전』 소공 17년 참고.
10 이 일은 『좌전』 희공 15년 참고.

이라 한다. 필만의 자손은 만민이 떠받들 것이다!"[11]

이 예언은 훗날 사실로 증명되었다. 필만의 자손은 제후가 되는 것을 넘어 국왕이 되었다. 그들의 나라는 '위魏나라'라고 불렸다.

이런 예언은 실로 대단하다. 그래서 복언의 이름은 『좌전』에서 자주 언급된다.

정나라의 비조裨竈도 유명한 예언가다. 일찍이 그는 주 영왕과 초 강왕과 진晉 평공平公의 죽음과 함께 진陳나라의 부활과 멸망까지 알아맞혔다. 심지어 시점까지 정확히 말했다. 진 평공은 7월 무자戊子에 죽는다고 했고, 진나라는 5년 뒤에 부활하지만 52년이 더 지나면 완전히 망할 것이라고 했다. 그가 참고했던 것은 주로 점성술이었다. 이 사람은 천문과 오행, 샤머니즘까지 두루 정통했던 것으로 보인다.

기원전 525년, 비조는 또 송, 위衛, 진陳, 정 네 나라에 화재가 날 것이라고 예언한 뒤, 그 사실을 정나라의 재상 자산에게 알리고 자신에게 방도가 있다고 말했다.

그러나 자산은 그를 무시했다.

이듬해 5월, 비조의 예언은 실현되었다. 송, 위, 진, 정에서 과연 같은 날에 화재가 발생했다.

비조는 즉시 자산에게 또 말했다.

"내 말을 안 들으면 또 불이 날 것이오."

이번에도 자산은 그의 말을 외면했다.

189

---

11 이 일은 『좌전』 민공 원년 참고.

흥미롭게도 화재는 또 일어나지 않았다.[12]

이 일화에서 비조가 정말 영험했는지, 영험하지 않았는지 판단하기는 어렵다. 하지만 그것은 중요하지 않다. 중요한 것은 당시 자산이 했던 말이다. 바로 그 말을 통해 우리는 주나라인의, 심지어 중국 민족의 귀신에 대한 관념을 분명하게 알 수 있다.

과연 자산은 뭐라고 말했을까?

---

[12] 비조의 사적은 『좌전』의 양공 28년과 30년, 소공 9년, 10년, 17년, 18년에 나온다.

신은
인간이었다

자산은 "하늘의 도는 멀고 사람의 도는 가깝다. 미칠 수 있는 것이 아니니 어떻게 그것을 알겠는가天道遠, 人道邇. 非所及也, 何以知之?"라고 말했다.

"하늘의 도는 멀고 사람의 도는 가깝다"는 것은 무슨 의미일까? 바로 인간 세상의 일은 눈앞에 있는데 하느님은 까마득히 먼 하늘에 있다는 것이다. 자연계의 법칙과 변고와 비밀은 우리와 아득히 떨어져 있어서 전혀 손이 미치지 못하고 서로 무관하다. 그렇다면 어떻게 하늘의 도를 통해 사람의 도를 알고 하늘의 현상을 통해 사람의 일을 알 수 있을까? 비조의 예측이 정확한 이유에 관해 자산의 생각은 이랬다.

"그 사람은 말이 많은 것에 불과하다. 그러니 우연히 들어맞는 것이 있게 마련이다. 사실 어떻게 천도를 알 수 있겠는가?"[13]

191

---

13 이 말은 『좌전』 소공 18년에 나온다.

자산은 전혀 비조를 믿지 않았던 것이다.

자산은 다른 비현실적인 이야기도 믿지 않았다. 이듬해, 정나라에 물난리가 났을 때 어떤 사람이 성문 바깥 웅덩이에서 용들이 싸워서 그런 것이니 제사를 지내야 한다고 주장했다. 이에 자산은 말했다.

"우리가 싸워도 용은 신경 쓰지 않는데 왜 우리는 용의 싸움을 신경 써야 하는가? 우리는 용에게 구하는 것이 없고 용도 우리에게 구하는 것이 없다. 그리고 웅덩이는 본래 용의 것이니 자기들 터전에서 그냥 싸우게 내버려두어라!"[14]

그런데 자산은 그 전해에 화재가 났을 때는 제사를 지냈다. 물의 신 현명玄冥과 불의 신 회록回祿에게 제사를 올리고 태묘太廟의 위패와 큰 거북을 다른 곳으로 옮겼으며 나중에 토지신의 사당까지 크게 지었다. 그는 왜 그랬을까?

민심을 가라앉히기 위해서였다.

네 나라에서 동시에 큰 불이 났으니 당연히 민심이 크게 술렁였다. 이럴 때는 귀신이 있는지 없는지는 중요하지 않았다. 무엇보다 민심을 안정시키는 것이 급선무였다. 이때 행한 제사는 오늘날의 '심리치료'에 해당했다. 그러나 더 중요한 것은 역시 실무였다. 당시 자산이 했던 일은 주로 상황을 통제하고 수습하는 것이었다. 부인府人(국고 관리인)과 고인庫人(병참 관리인)을 파견해 창고를 지키게 하고 사마司馬(군법관)와 사구司寇(형법관)를 시켜 화재를 진압하게 했다. 또한 불에 탄 가 **192**

---

14 이 일은 『좌전』 소공 20년 참고.

옥을 기록하여 이재민들의 세금을 감면시키는 한편, 그들에게 집을 지을 재료를 나눠주게 했다. 아울러 각국에 외교관을 보내 화재 현황을 알렸으며 전국에 애도 기간을 선포하고 사흘 동안 시장 문을 닫게 했다.

이 모든 것은 실무와 인간 중심의 정신을 보여주는 가장 중요한 조치였다. 이에 반해 진陳나라는 화재를 진압하지 못했고 허許나라는 백성을 구휼하지 않았다. 그래서 여론은 그들이 조만간 망할 것이라고 점쳤다.[15]

신이 중요할까, 인간이 중요할까?

인간이 중요하다. 주나라인의 핵심 사상과 주류 관념이 인본주의였음을 잊어서는 안 된다.[16]

따라서 신은 바로 인간이었다.

중국인의 귀신 숭배는 후한後漢을 분기점으로 하여 그 전과 후가 다르다. 후한 시대에 불교가 유입되고 도교가 흥기하면서 중국에는 부처와 신선이라는 두 가지 숭배 대상이 늘었다. 부처는 본래 인간이었다. 단지 깨달음을 얻어 부처로 변했을 뿐이다. 신선도 본래 인간이었다. 단지 단약丹藥을 먹고 법술法術을 얻어 불로장생하는 신선이 되었을 뿐이다. 게다가 신선이 된 자는 집안의 여자들과 가축까지 데리고 승천할 수 있었다.

결국 부처와 신선은 모두 인간이었다. 그래서 '불佛'과 '선仙'에 모두

---

15 이 일은 『좌전』 소공 18년 참고.
16 『이중톈 중국사3─창시자』 참고.

'사람 인 변亻'이 있는 것이다.

그러면 후한 전에는 어땠을까?

후한 전의 제사 대상과 숭배 대상은 주로 천신天神, 지기地祇, 인귀人鬼, 이 세 가지였다. 천신은 풍신風神, 우신雨神, 태양신 같은 하늘의 신이고 지기는 산신山神, 하신河神, 토지신 같은 땅의 신이다. 인귀는 곧 죽은 사람이다. 사람이 죽으면 귀가 된다고 보았으니 조상과 위인도 모두 인귀였다. 그들을 귀라고 부르는 것은 폄훼도 모독도 아니었다.

그러면 천신과 지기는 인간이었을까, 신이었을까?

인간이었다. 다만 인류 사회와 국가와 민족에 큰 공덕을 쌓고 큰 업적을 이룩한 이들이었다. 그 공덕과 업적에는 다섯 가지 기준이 있었다. 즉, 백성을 위해 법도를 세웠는가, 자신을 희생해 소임을 다했는가, 힘써 나라를 안정시켰는가, 천재지변을 막고 다스렸는가, 변란을 진압했는가 등이었다. 어떤 사람이 이 중에서 한 가지라도 실현했다면 사후의 그는 귀가 아니라 신이었다.

후토后土와 후직后稷을 예로 들어보자.

후토와 후직은 중국 민족의 가장 중요한 신이다. 후토는 곧 토지신이며 그의 제단은 '사社'라고 부른다. 그리고 후직은 곡식의 신으로서 그의 제단은 '직稷'이라 부른다. 사와 직을 합쳐서 사직이라고도 하는데 사직과 종묘는 한 나라의 가장 중요한 건축물로서 심지어 나라와 조정의 대명사이기도 했다.

그런데 후토와 후직도 본래 인간이었다. 후직은 두 사람인데, 한 사람은 염제炎帝의 아들 주柱이며 또 한 사람은 주나라인의 선조 기棄다. 이 두 사람은 농업의 발전에 지대한 공헌을 세워 곡식의 신이 되었다. 그리고 후토는 공공共工의 아들 구룡句龍이다. 그는 황제黃帝의 건설부 장관에 해당되는 인물이었으므로 토지신이 되었다.[17]

사실 최고의 천신조차 마찬가지였다. 예컨대 상나라인의 최고 천신은 그들의 조상 제곡帝嚳이었으며 초나라인의 그것도 그들의 조상 축융祝融이었다. 단지 상나라인의 최고 천신은 이름이 상제上帝였고 초나라인의 그것은 이름이 상황上皇, 즉 『초사』「구가」에 나오는 동황태일東皇太一이었다.

확실히 중국 민족의 귀신 세계에는 창세신이 없고 단지 '창업신'이 있을 뿐이다. 그 신들은 공덕과 업적이 커야만 가진 능력과 조화가 컸다. 그런데 그 공덕과 업적이 충분히 커야지, 만약 부족하면 귀일 뿐이었다. 큰 인물이 죽으면 '대귀大鬼'였고 유명한 인물이 죽으면 '명귀名鬼'였다.

귀신이 본래 인간이었기 때문에 귀신의 세계도 인간 사회와 대응 관계를 이루었다. 그래서 부락과 국가마다 각기 다른 상제와 귀신이 있었다. 다시 말해, 어느 공동체에서든 반드시 자신들의 귀신을 모시고 점을 치거나 제사를 지내야 했다. 그렇지 않으면 귀신이 감응하지 않았다.

195

---

17 『국어』「노어상」 참고. 노나라는 주례를 가장 완전하게 보존한 국가였으므로 노나라인의 견해가 가장 믿을 만하다.

마찬가지로 신의 세계가 인간의 세계였기 때문에 신의 마음은 인간의 마음이었고 신의 소망은 인간의 소망이었으며 신의 꿈은 인간의 꿈이었다. 신의 사랑 역시 인간의 사랑이었다.

이를테면 산귀山鬼가 그러했다.

산귀와
무당

산귀는 표범을 타고 등장한다.

그 표범은 붉은색이며 유선형의 날씬하고 날렵한 몸매를 가졌다. 붉은 표범을 탄 산귀는 산꼭대기에 올라 그윽한 대나무 숲과 아래로 흐르는 흰 구름을 내려다본다. 표범 옆에는 살쾡이 한 마리가 있다.

산귀는 무슨 신일까?

산신이다.

그렇다. 산귀는 산신이었다. 초나라인은 귀와 신을 엄밀히 구분하지 않았다. 다만 이 산신은 여신이면서 섹스의 여신이기도 했다. 심지어 어떤 사람은 그녀가 무산신녀巫山神女(중국 충칭 직할시와 후베이 성 경계에 있는 무산의 여신. 상제 혹은 염제의 딸로서 우왕의 치수를 도왔다는 전설이 전해진다)라고도 했다.[18] 그래서 굴원이 묘사한 그녀는 대단히 매력적이고 197 섹시하다.

---

[18] 이 설은 청나라의 고성천顧成天이 『초사』 「구가해九歌解」에서 처음 제시했고 이후 쑨줘윈孫作雲, 원이둬聞一多, 마마오위안馬茂元, 천쯔잔陳子展, 장량푸姜亮夫, 궈모뤄郭沫若가 다 이 설을 따랐다.

두메산골에 사는 나는
벽려 적삼 걸치고 덩굴 띠를 매었네
다정한 눈길 주며 미소 지으니
그대가 사랑해줘 나는 이렇게 예쁘네[19]

그녀가 섹시한 것은 표범이 함께 있기 때문이기도 하다.

표범이 수레를 타고 있는 경우도 있는데, 그 수레는 자목련으로 만들어졌고 깃대처럼 물푸레나무가 꽂혀 있으며 석란石蘭과 족두리풀이 실려 있다. 그 꽃과 풀은 사랑하는 사람에게 줄 선물이다.

그러면 그녀가 사랑하는 사람은 누구일까?

알 수 없고 알 필요도 없다. 왜냐하면 위의 노래는 사랑노래가 아니라 무가巫歌이기 때문이다. 실제로『초사』「구가」 11편은 본래 원강沅江(지금의 후난 성 위안장沅江 강과 샹수이湘水 강을 아울러 이르는 말) 유역 사람들이 제사를 지낼 때 신에게 바치던 노래다. 그 중에서「동황태일」은 상제에게,「운중군雲中君」은 구름신에게,「대사명大司命」은 생명의 신에게,「소사명少司命」은 생육의 신에게,「동군東君」은 태양신에게 바쳤다. 이들은 다 천신이다. 그리고「상군湘君」과「상부인湘夫人」은 상수湘水의 신에게,「하백河伯」은 황하의 신에게,「산귀」는 무산신녀에게 바쳤으니 이들은 지기다.「국상國殤」은 전사한 장수, 즉 인귀에게 바친 노래 **198**

19 『초사』「구가·산귀」: "若有人兮山之阿, 被薜荔兮帶女羅, 旣含睇兮又宣笑, 子慕予兮善窈窕."

다. 천신, 지기, 인귀를 다 챙긴 셈이다. 또한 「예혼禮魂」은 신을 보내는 노래다.

신을 보내는 노래는 매우 간단하며 즐겁고 상서로운 느낌을 자아낸다.

예를 갖추고 모여서 북을 치고

파초를 건네며 번갈아 춤을 추네

아리따운 무녀들 노래 소리 은은하니

가을에는 난초 겨울에는 국화

길이길이 끊임없이 이어지리라[20]

중국 속담에 "귀신을 부르는 일은 쉬워도 보내기는 어렵다"(손님을 초대하기는 쉬워도 보내기는 어렵다는 뜻)는 말이 있는데 이 노래를 보면 정반대인 듯하다.

신을 부르고 보내는 일을 책임지는 사람은 무격巫覡이었다. 무는 여자 무당을, 격은 남자 무당을 말한다. 그리고 무巫와 무舞는 서로 통했으니 무당은 무용수이면서 가수이기도 했다. 그들은 제사가 치러지는 무대의 중심이었던 것이다.

실제로 이른바 '무巫'는 본래 "능히 신을 섬기면서 춤으로 신을 맞이하는 여자女能事無形以舞降神者也"[21]였다. 그래서 여자 무당은 곧 여자 무

199

---

20 「초사」「구가·예혼」: "成禮兮會鼓, 傳芭兮代舞, 姱女倡兮容與, 春蘭兮秋菊, 長無絕兮終古."
21 허신許慎의 「설문해자說文解字」 참고. 허신은 또 '무巫'의 형상이 긴 소매 옷을 입은 사람이 춤을 추는 모습이라고 말했다. 그러나 뤄전위羅振玉, 린이광林義光, 상청쭤商承祚 등의 학자들은 소매가 아니라 옥과 관계가 있다고 주장했다. 이에 관해서는 「고문자고림古文字詁林」 제4권 761쪽 참고. 하지만 무巫가 무舞라는 것은 정확한 견해다. 「구가」가 그 증거다.

용수였다. 그들의 노래와 춤은 신을 찬송하고 즐겁게 만드는 목적도 있었지만 더 중요한 목적은 신과의 소통이었다. 옛날 사람들은 무격이 인간과 신 사이의 매개자라고 생각했다. 천신, 지기, 인귀가 할 말이 있어 무격을 통해 발언하는 것을 '현령顯靈'이라고 했다. 거꾸로 사람들이 신의 지시와 도움이 필요해 무격을 통해 표현하는 것은 '통령通靈'이라고 했다. 그래서 제사 혹은 샤머니즘의 의식에서 무격은 무당의 역할과 신의 역할을 겸했다.[22]

이런 임무를 담당했으므로 그들 중 누군가는 신의 옷을 입고, 신의 분장을 하고, 신의 동작을 흉내 내고, 신의 언어를 말하고, 신의 기분을 표현했다. 그런 무당을 '영보靈保'라고 했다.[23] 그들은 무당이면서 예술가였다. 실감 나는 공연을 해야만 신령이 몸에 깃들었다고 사람들이 믿어주기 때문이었다. 반대로 그들도 실제로 자신이 신과 통한다고 생각해야만 실감 나는 공연을 할 수 있었다. 결국에는 그들 자신조차 공연인지 실제 상황인지 구별하기 힘들었을 것이다.

초나라인의 「구가」의 매력은 바로 여기에 있다.

이 점을 알면 어렵지 않게 「산귀」를 이해할 수 있다. 이 노래의 가무는 여자 무당이 담당했다. 그녀들이 기원한 것은 사랑이었다. 그런데 사랑에는 불타는 연애도 있고 실연도 있으므로 깊은 정이 담긴 눈빛과 오랜 기다림을 동반한 기대가 뒤따른다. 그리고 "동풍이 몰아쳐 신령이 비를 내리고東風飄兮神靈雨" "바람이 불어 나무가 쓸쓸히 흔들리

22 첸중수錢鍾書의 『관추편管錐編』「초사 홍흥조洪興祖」보주補注 참고.
23 왕궈웨이王國維의 『송원희곡고宋元戲曲考』「상고시대에서 오대까지의 연극」참고.

며風颯颯兮木蕭蕭""그대를 원망하고 돌아오기를 잊은 것을 탓하나니, 그대가 나를 그리워해도 그럴 여유가 없는怨公子兮悵忘歸, 君思我兮不得閑"상황도 있게 마련이다. 여기에서 누가 누구를 사랑하고 누가 실연을 했는지는 중요치 않다. 왜냐하면 이것은 모든 사랑하는 사람을 위해 복을 비는 노래이기 때문이다.

마찬가지로 시구 자체에 연연해 어느 부분이 산귀이고 어느 부분이 여자 무당인지 억지로 밝히려 할 필요도 없다. 그녀는 본래 '1인 2역'이기 때문이다. 따라서 중요한 것은 느낌을 통한 이해다.

「구가」의 다른 작품들도 이와 같다.

그것들은 얼마나 다채로운 이미지와 장면인가! 운중군은 화려하고 민첩해서 "해와 달과 함께 빛나며與日月兮齊光", 대사명은 신비롭고 도도하여 "뭇 생명은 내가 하는 일을 알지 못하네衆莫知兮余所爲"라고 말한다. 또한 검을 차고 마름 옷과 풀 띠를 걸친 소사명은 "들어와서 말이 없고 나가면서도 인사가 없는데, 돌개바람을 타고 구름 깃발을 세웠고人不言兮出不辭, 乘回風兮載雲旗", 태양신 동군은 늠름하고 호방하면서도 다정하고 멋스러운데 "햇살을 긴 화살 삼아 천랑성을 쏘고舉長矢兮射天狼""북두칠성을 잔으로 들어 계화주를 따라 마신다援北斗兮酌桂漿."[24]

북두칠성을 잔으로 삼아 계화주를 따라 마신다니 얼마나 신비로운 이미지인가!

201　　「상부인」에는 이런 구절도 있다.

---

24 우광핑吳廣平의 「초사」 교주校注 참고.

상제의 딸이 북쪽 섬에 내려오는데

가물가물 보이지 않아 애타는 내 마음

가을바람 산들산들 부는데

동정호는 물결치고 나뭇잎이 떨어지네[25]

그렇다. 상제의 공주가 강 한가운데에 있는 작은 섬에 내려온다. 간
절한 눈빛으로 그녀를 뚫어지게 바라보는데 있는 듯 없는 듯 가물거
리니 어떻게 애가 안 타겠는가. 아득히 바라보면 가을바람이 부는 가
운데 동정호에 잔물결이 일고 나뭇잎이 한 장씩 떨어져 내리고 있다.

이 작품도 샤머니즘의 산물일까?

당연히 그렇다.

하지만 예술이기도 하다. 그리스인의 종교처럼.

25 『초사』「구가·상부인」: "帝子降兮北渚, 目眇眇兮愁予. 嫋嫋兮秋風, 洞庭波兮木葉下."

중국인에게는
신앙이 없다

중국처럼 그리스에도 샤머니즘이 존재했다.

그리스의 무당은 초나라의 무격과 흡사한 점이 많았다. 그들도 인간과 신 사이의 매개자로서 똑같이 신과 소통했다. 그래서 그들은 '신들린 사람entheos'이라 불렸다. 신이 들리면 남녀 무당은 다 일종의 광기에 빠졌다. 디오니소스를 숭배하던 여자 무당들도 정신없이 춤을 추며 산과 들을 뛰어다녔다. 물론 남녀 무당은 신들린 춤을 추면서도 주문 같은 말을 중얼거렸다. 그 말들은 '신이 내린 진리'로 여겨졌고 그런 신령의 감동을 '영감inspiration'이라고 불렀다.

예술 창작에 영감이 필요하다는 관념은 그 기원이 여기에 있다.

그래서 그리스인은 자신들의 샤머니즘을 종교로 바꾸었을 때, 자연스럽게 그 종교를 또 예술로 바꾸었다.

그리스의 종교가 예술이었다는 사실은 이미 헤겔에 의해 명시되었다. 사실 그리스의 신은 인간이었다. 단지 보통의 인간보다 크고, 아름답고, 건강하고, 강하며 불사의 존재였을 뿐이다. 다른 점들은 인간과 차이가 없었다. 그래서 어떤 그리스인은 길에서 잘생긴 남자나 아름다운 여자를 만나면 걸음을 멈추고 선망과 존경의 태도로 상대방에게 "당신은 신입니까?"라고 묻곤 했다.[26]

그리스에서 신은 최고의 미美였다.[27]

그런데 그리스의 신은 인간과 비교해 더 아름다운 존재일 뿐이었다는 사실에 주목해야 한다. 그 아름다움은 순수한 미였으며 도덕과는 무관했다. 심지어 그리스의 신들은 대부분 거의 모든 악행을 저질렀다. 수많은 인간 세상의 비극이 신의 변덕과 악행에서 비롯되었다. 그래서 그리스인은 자신들의 신을 도덕적 모범으로 간주한 적이 없다. 반대로 신의 극악무도함과 무책임함에 울분을 터뜨리기 일쑤였다.

아킬레우스도 그랬다.

아킬레우스는 친구가 전사한 뒤에야 본격적으로 트로이 전쟁에 뛰어들었다. 친구의 복수를 위해 그는 트로이의 왕자 헥토르를 죽였으며 헥토르의 시체를 들개에게 먹이로 던져주겠다고 맹세했다. 그때 헥토르의 부친 프리아모스 왕이 군막으로 찾아와 신을 경외해야 한다고 사정했지만 그는 끄덕도 하지 않았다. 그의 논리는 이랬다.

"신들은 인간의 운명을 정해 놓고 자신들은 딴청을 피울 뿐이오!"

물론 아킬레우스는 결국 프리아모스 왕의 청을 받아들여 12일간의

---

26 이폴리트 아돌프 텐, 『예술철학』 참고.
27 요한 요아힘 빈켈만, 『고대예술사』 제4권 '그리스인의 예술' 참고.

휴전을 선포함으로써 트로이인들에게 헥토르의 장례를 치를 시간을
주었다. 하지만 그것은 신을 경외하는 것과는 무관했다. 노년에 자식
을 잃은 프리아모스 왕에게 감동하고 자신의 연로한 아버지가 생각났
기 때문이다.

중국의 신은 전혀 달랐다.

주나라인이 신으로 숭배한 염제, 황제, 전욱顓頊, 제곡, 요, 순, 우,
탕, 문왕, 무왕은 아름다웠는지는 알 수 없지만 도덕적으로는 의심
할 여지없이 고상했다. 자연신들조차 업적과 공덕이 있어야 했다. 예
를 들어 하늘의 삼광三光(해, 달, 별)은 우러러봐야 하는 존재이고 땅의
오행五行은 인간이 살아가는 데 반드시 필요하며 명산대천名山大川은 온
갖 재물을 산출한다. 겉만 번드르르하고 쓸모가 없다면 누가 신으로
모시겠는가?[28]

천신과 지기는 공이 있고 인귀는 덕이 있어서 모두 아름다울 필요
가 없었다.

중국에서 신은 최고의 선善이었다.

공과 덕이 있는 신들은 주나라의 '윤리위원회'였다. 주나라의 과過
라는 사관은 신이 인간 세상에 내려오는 것은 보통 두 가지 경우라면
서 하나는 나라가 장차 번영할 때이며 다른 하나는 나라가 장차 멸망
할 때라고 말했다. 전자는 사람들이 얼마나 고상한지 보러오는 것이
며 후자는 사람들이 얼마나 사악한지 보러오는 것이라고 했다. 또한

28 『국어』 「노어상」 참고.

곽나라의 은▨이라는 사관은 한 나라가 번영하려면 백성을 따르고 멸망하려면 신을 따른다고 했다. 그 이유는 신이 총명하고 정직하며 한결같기 때문이었다. 신은 인간이 바라는 방향으로 도와주므로 누가 실패할 마음을 품으면 신은 반드시 그를 죽게 만든다는 것이 그의 주장이었다.[29]

은의 이런 말은 매우 흥미롭다.

은의 논리에 따르면 인간의 운명은 신이 결정하지 않는다. 정반대로 인간이 신의 계획을 결정한다. 인간이 좋은 방향으로 나아가면 신은 그를 점차 향상시키지만 인간이 나쁜 방향으로 나아가면 신은 그를 파멸로 몰아넣는다. 신은 인간의 번영이나 멸망을 가속화하는 작용을 하는 것이다.

이런 귀신 숭배도 종교라고 할 수 있을까? 신앙이라고 할 수 있을까?

당연히 그럴 수 없다.

그러면 뭐라고 해야 하는가?

귀신은 있되 종교는 없었고 종교는 있되 신앙은 없었다.

이것은 곧 중국 민족의 문화적 특징이다. 그 안에 차이가 있다면 북쪽 지방과 남쪽 지방이 다소 다를 뿐이다. 간단히 말해 북쪽은 상대적으로 귀신 숭배를 윤리도덕으로 바꾸려 했고 또 남쪽은 그것을 예술로 바꾸기를 바랐다. 그러나 신앙을 원치 않은 것은 북쪽이나 남

---

29 모두 「좌전」 장공 32년 참고.

쪽이나 마찬가지였다. 이로 인해 역사적으로 중국 민족에게 가장 큰 영향을 끼친 종교는 가장 종교 같지 않은 불교와 도교였다. 불교는 깨달음을 중시하고 도교는 신선이 되는 것을 중시한다. 역시 둘 다 신앙이 아니다.

이러한 중국과 서로 호응하는 것은 그리스다.

종교를 예술로 변화시킨 그리스인은 실질적으로 역시 신앙이 없었다. 그 덕분에 대단히 일찍 인본주의 정신을 수립하긴 했지만, 역시 그로 인해 핵심적 가치관을 공고히 하는 데 어려움을 겪었다. 그 결과, 그리스 문명은 결국 쇠락하고 말았다. 그리스의 인본주의 정신과 과학, 민주주의도 삽시간에 심연으로 추락했다가 나중에야 르네상스를 통해 겨우 부활했다. 하지만 그 이후로는 굳건히 지속되었다.

이 문제는 중국에도 존재했다.

중국에서도 일찌감치 인본주의 정신이 무르익었다. 그래서 선현들은 어떻게 관념을 공고히 하고 사회를 안정시킬지 고심을 거듭했다. 주공 등은 결국 정전井田, 종법, 봉건, 예악, 이 4대 제도를 수립해 수백 년의 태평성대를 이루었다. 그러나 춘추 시대에 이르러 예악이 붕괴했다. 정전제와 봉건제도 무너지고 도덕이 땅에 떨어져 사회가 오랫동안 변동을 겪었다. 그래서 춘추 시대부터 전국 시대까지 중국사에서 가장 화려하고 다채로운 무대가 펼쳐졌다.

207

저자 후기

젊음은
좋은 것

옛날에 『시경』을 읽을 때 나를 가장 감동시킨 작품은 「관저關雎」가 아
니라 「한광漢廣」이었다.

　　남쪽에 큰 나무가 있지만
　　의지할 수 없고
　　한수漢水에 여신이 있지만
　　다가갈 수 없네

　　한수는 넓고도 넓어서
　　내게는 실로 희망이 없고
　　장강長江은 길고도 길어서
　　내게는 실로 정처가 없네[1]

---

1 『시경』「한광」: "南有喬木, 不可休息, 漢有游女, 不可求思. 漢之廣矣, 不可泳思, 江之永矣, 不可
方思."

내가 이 시를 좋아한 것은 나도 실연했기 때문이었다.

그때 나는 신장건설병단新疆建設兵團의 개척농장에서 일하고 있었다. 간이 막사에서 자고 옥수수 가루를 먹으며 육체노동을 했다. 농장에는 별다른 오락거리가 없었다. 텔레비전과 컴퓨터 같은 것은 더더욱 꿈도 꾸지 못했다. 그나마 그 변경 지역에 갈 때 책 몇 권을 가져간 것이 다행이었다. 모처럼 농한기가 오면 『시경』과 『초사』를 번역하며 시간을 보냈다. 아직까지도 나는 그때의 번역문을 기억한다. 「유호有狐」는 아래와 같다.

여우가 짝을 찾네
저 돌다리 위에서
가난한 그대가 걱정스러워라
불쌍하게도 입을 옷이 없으니

「월출月出」도 생각난다.

휘영청 밝은 달이 뜨니
아가씨의 어여쁜 모습
아가씨의 호리호리한 몸매

물론 이것은 모두 꿈이었다. 변경을 소재로 한 노래 속의 '나를 벗 해주는 거문고 소리'나 '나를 찾아와주는 아가씨' 같은 것이 있을 리 없었다. 못을 두드리고 밭을 가는 일만 있었다.

그렇다면 그런 힘든 생활 속에서 나는 어떻게 이런 생각을 하며 지 냈을까?

젊었기 때문이다.

이 세상에서 젊음보다 더 좋은 것은 없다. 누가 아무리 지위가 높 고 돈이 많아도 젊음은 사거나 바꿀 수 없다. 젊음은 멋대로 상상할 수 있고 자유로운 개성을 가질 수 있으며 모든 것을 무시하고 홀로 훨훨 날아오를 수도 있다. 젊은이에게는 특권이 있다. 그는 세상물정 을 모르며 혈기가 넘치고 앞날이 창창하기 때문이다.

인류도 마찬가지다.

오래된 문명과 민족들은 저마다 유년기와 소년기가 있었고 첫사랑 과 실연도 있었다. 알타미라의 동굴 벽화, 홍산문화 유적지의 여신 조 각, 스톤헨지의 거석 유적, 이스터 섬의 인면석상은 유년기 인류의 순 진함을 보여준다. 또한 이집트의 피라미드, 바빌로니아의 점성술, 인 도의 아수라, 로마의 판테온, 그리스의 『일리아드』『오디세이아』와 올 림픽, 중국의 『시경』과 『초사』, 그리고 모두가 공유하는 호전적인 영웅

---

2 『시경』의 「유호」와 「월출」의 원문은 각기 "有狐綏綏, 在彼淇梁. 心之憂矣, 之子無裳"와 "月出皎兮, 佼人僚兮. 舒窈糾兮, 勞心悄兮"다.

과 다정한 여인들은 소년의 기상천외한 상상력과 천진난만함, 심지어 하늘 높은 줄 모르는 패기를 나타낸다. 청소년기 세계 각 민족은 하나같이 얼굴에 여드름이 돋고 몸속에는 아이의 피가 흐르고 있었다.

이것은 사실이면서 역사다. 다만 문제는 이것을 어떻게 봐야하느냐는 것이다.

마르크스는 그리스 예술을 논하면서 한 성인이 다시 아이로 돌아가는 것은 불가능하다고 말한 바 있다. 하지만 그는 어린아이의 천진함에 유쾌함을 느끼지 않는가? 더 높은 단계에서 자신의 진실을 재현하면 안 된다는 법이라도 있는가? 한 민족의 고유한 성격은 그 민족의 어릴 적 천성에 있고 각 시대마다 생생하게 부활하지 않는가? 역사 속 인류의 유년기는 그 발전의 가장 완벽한 지점에서 영원히 돌아갈 수 없는 시대의 영구적인 매력을 발산해서는 안 된단 말인가?

당연히 그래도 된다.

서주, 동주부터 춘추 시대까지는 중국 민족의 '소년기'였다. 그때 사람들은 진실한 성정과 열정을 갖고 있었기 때문에 정과 의리가 넘치고 과감히 사랑하고 미워할 줄 알았다. 그래서 살신성인의 자객, 진실한 사랑을 좇은 연인, 정의로운 전사, 충성스러운 신하, 위기를 극복한 사신, 인간미 넘치는 귀신이 있을 수 있었다. 그들은 모두 한 민족의, '발전의 가장 완벽한 지점'에서의 영구적인 매력을 보여준다.

213   따라서 『이중톈 중국사3-창시자』가 중국 민족의 '골격'을 묘사했다

면 제4권에서는 '기운'을 보여주려 했다. 저 소년의 기개와 온갖 남녀들의 좌충우돌은 하나같이 청춘의 기운을 전하여 무한한 동경을 불러일으킨다.

부디 이곳에서 좀 더 오래 머물러 있기를.

앞으로는 갖가지 위험천만한 일들이 꼬리에 꼬리를 물고 벌어질 것이다.

이중톈의 '중국몽'

　오늘날 시진핑이 이끄는 중국의 지도 이념은 무엇일까? 그것은 한마디로 '중국몽中國夢'이다. 2012년 11월 29일, 당시 국가 부주석이었던 시진핑은 공산당 중앙정치국 상임위원들을 이끌고 국가박물관을 방문한 자리에서 처음으로 이 중국몽이라는 단어를 언급했다. 당시 그는 "중화민족 대부흥의 실현이야말로 근대 이래 중화민족의 가장 위대한 꿈"이라고 부연했다.

　이후 중국몽은 2013년 시진핑의 국가 주석 취임 연설에서 수차례 강조된 후로 오늘날 중국 정부의 가장 중요한 사상이자 집권 이념으로 부각되었다. 현재 중국 정부는 대내외적으로 이 중국몽의 핵심 목표를 '두 가지 백년'의 목표라고 선전한다. 요컨대 2021년 중국공산당 창립 100주년과 2049년 중화인민공화국 건국 100주년까지 국가의 부강, 민족의 진흥, 인민의 행복이라는 중화민족의 대부흥을 실현하겠다는 것이다. 그리고 이를 위한 국가 노선은 '중국 특색의 사회주의' 와 '민족 정신의 선양' '국력의 응집'이며 실현 수단은 정치, 경제, 문화, 사회, 생태문명의 '오위일체五位—體' 건설이라고 강조한다.

대중 동원에 능한 사회주의 국가답게 현재 중국은 온통 '중국몽' 캠페인의 도가니나 다름없다. 곳곳마다 "중국몽, 나의 꿈"이라는 문구가 적힌 포스터가 붙어 있고 '중국몽의 소리'라는 대형 음악 프로그램이 방송되는가 하면 일선 학교에서는 중국몽을 주제로 한 작문대회가 열리고 있다. '중화민족의 대부흥'이라는 화두를 중국인 모두의 가슴속에 각인시키기 위한 이데올로기 선전 작업이 벌어지고 있는 것이다.

그런데 중국몽은 시진핑 정권에 의해 공식적인 담론으로 등장하기 이전부터 그 개념을 확정하기 위한 학술적 모색이 암암리에 진행된 듯하다. 그 중 하나가 바로 2010년 8월, 유력 주간지 『난팡주말南方週末』의 주최로 베이징대 100주년 기념관에서 열린 '중국몽 논단'이었다. 그리고 이 논단에 이중톈이 강연자로 초대되어 '중국몽: 꿈과 악몽'이라는 제목으로 자신이 생각하는 중국몽을 이야기했다. 과연 그는 어떤 이야기를 했을까? 중화민족의 찬란한 미래를 노래했을까? 그 찬란한 미래의 열쇠는 '중국 특색의 사회주의'일 뿐이라고 얘기했을까? 나아가 그 찬란한 미래의 실현을 위해 인민들 모두가 공산당의 영도 아래 일치단결하고 개인의 욕망을 잠시 유보해야 한다고 주장했 **216**

을까?

나는 그때 현장에 있던 한 대학생이 이중톈의 강연을 녹취하고 글로 옮긴 자료를 중국 웹에서 찾았다. 그 자료에서 '이중톈의 중국몽'이 핵심적으로 기술된 부분을 가감 없이 번역해보았다.

우리의 '중국몽'에서 가장 본질적인 것은 인민을 행복하게 하는 것입니다. 그리고 우리가 잊어서는 안 되는 것은 인민이 생명을 가진 숱한 개인들로 이뤄졌으며 (강한 어조로) 독립된 인격과 자유로운 의지의 개인이라는 것입니다! (청중들 박수) 우리는 강국을 만들어야 한다고 말하는데, 그 강국에서 내가 말도 마음대로 못하고, 옷도 마음대로 못 입고, 밥도 마음대로 못 먹는다면 (강한 어조로) 그런 강국이 내게 무슨 필요가 있습니까! (청중들 오랫동안 열렬한 박수) (…) 지금 우리의 '중국몽'은 더는 집단적인 꿈이 아닐 수 있고, 같은 체제, 같은 틀에서의 꿈이 아닐 수 있고, 자기 마음대로 꾸고 싶은 대로 꾸는 꿈, 심지어 동상이몽일 수도 있습니다. (다시 박수)

이 부분을 읽고서 나는 시진핑의 중국몽과 이중톈의 중국몽의 차이를 비로소 분별하고 다소 안도했다. 이중톈의 중국몽은 무엇보다도 개인의 꿈을 강조한다. 그가 생각하는 개인의 꿈은 한 인간으로서의 독립과 자유를 포괄하는 행복의 꿈이다. 이 개인의 꿈을 배제한 중국몽이란 그에게 독재와 전체주의의 꿈이나 다름없다. 설령 그 꿈이 '인민의 요람이자 어버이' 같은 공산당에 의해 주도된다 하더라도. 비록 민주 투사나 반체제 언론인은 아니더라도 '나의 저자' 이중톈은 최소한 자유와 평등의 가치를 믿고 역설할 줄 아는 이성적인 학자라는 판단이 생겼다. 솔직히 이 판단을 얻기까지 오랫동안 그의 머릿속에 들어가 보려 애썼음을 고백한다.

2015년 1월
옮긴이

본문에 언급된
춘추 시대 사건 연표와
국가들의 세력 분포

기원전 684년 노나라와 송나라의 전쟁에서 말이 놀라 군주가 수레에서 떨어진 것을 자책해 현분보가 적진에 뛰어들어 사망함.

기원전 656년 여희가 진나라 태자 신생을 핍박해 죽임.

기원전 651년 진 헌공이 죽자 이극이 해제, 탁자를 죽이고 순식은 자살함. 진 혜공과 송 양공이 즉위.

기원전 650년 진 혜공이 이극을 죽임.

기원전 647년 진晉나라에 기근이 발생해 진秦나라가 인도주의적 원조를 함. 이것을 역사에서는 '범주의 역'이라 칭함.

기원전 646년 진秦나라에 기근이 발생해 진晉나라에 식량 구매를 요청하지만 거절당함.

기원전 645년 진秦과 진晉의 전쟁에서 진 혜공이 포로가 됨. 한 달 뒤 석방된 진 혜공은 경정을 죽임.

기원전 639년 회맹을 소집한 송 양공이 초나라군의 포로가 됨.

기원전 638년 초나라와 송나라의 홍수 전투 발발. 게임의 규칙을 고집하던 송 양공이 부상을 입고 패배.

기원전 637년 송 양공이 5월에, 진 혜공이 9월에 죽고 진 회공이 호돌을 죽임.

기원전 634년 제나라가 노나라를 정벌. 노 희공은 전희를 사신으로 파견해 제나라가 철군하게 함.

기원전 632년 진나라와 초나라의 성복대전 발발. 양국은 서로 깍듯한 예의로 전쟁을 선포.

기원전 630년 진晉 문공이 진秦나라와 손을 잡고 정나라를 정벌했지만 숙첨과 촉지무가 정나라를 구원.

기원전 607년 서예가 조순 암살을 거부하고 자살. 진晉 영공은 조천에게 피살됨.

기원전 605년 정 영공이 피살됨.

기원전 599년 진陳 영공이 하희로 인해 피살됨.

기원전 598년 초 장왕이 진陳나라를 정벌하여 하희는 초나라로 가서 초나라 대부 양로의 아내가 됨.

기원전 597년 봄에 초 장왕의 공격을 받아 정나라가 투항. 가을에는 진나라와 초나라의 필지전이 발발. 이 전쟁에서 양로가 죽고 지앵이 포로가 되었으며 초나라군은 패주하는 진나라군의 수레 수리를 도와

줌.

기원전 589년 하희와 무신이 진나라로 도주.

기원전 588년 지앵이 석방됨.

기원전 584년 무신이 오나라에 사신으로 가서 수레를 사용하는 전술과 외교를 가르쳐 진나라와 손잡고 초나라를 치게 함.

기원전 575년 진나라와 초나라의 언릉대전 발발. 두 나라는 전투 중에도 서로 예의를 갖추었다. 초왕은 사람을 보내 진나라 대부 극지를 위문했으며 진나라 군주의 호위대장 난침은 초나라 장수 자중에게 술을 권했다. 진나라 하군 사령관 한궐과 신군 부사령관 극지는 군신의 도를 지키기 위해 정 성공을 사로잡을 기회를 포기했으며 정 성공의 호위대장은 군주의 퇴로를 확보하다가 전사했다.

기원전 559년 위 헌공이 신하를 무례하게 대해 나라 밖으로 추방됨.

기원전 556년 노나라의 전사 장견이 제나라의 포로가 되었다가 모욕을 원치 않아 자살.

기원전 546년 미병지회에서 진나라와 초나라가 맹주가 되려고 경쟁. 초나라가 먼저 삽혈을 함.

기원전 543년 채 경공이 초나라에서 데려온 태자의 아내와 사통을 하다가 시해를 당함. 태자가 그의 자리를 계승해 채 영공이 됨.

기원전 541년 초나라 영윤 자위가 정나라를 방문해 공손단의 딸을 아내로 맞이함. 괵지회에서는 계무자가 괵나라를 친 것으로 인해 숙손 222

표가 곤란에 빠지지만 뇌물을 쓰는 것을 단호히 거절. 자위는 군주를 시해하고 초 영왕이 됨.

기원전 537년 초나라가 오나라를 정벌. 이때 궐유가 초나라에 사신으로 갔다가 억류되어 14년 만에 귀국.

기원전 531년 초 영왕이 채 영공을 죽이고 채나라를 멸했으며 채나라 태자를 제단에 제물로 바침.

기원전 529년 초나라에 내란이 일어나 영왕은 자살을 하고 채나라인은 나라를 수복함.

기원전 525년 오나라가 초나라를 정벌했을 때 초나라 공자 방이 길흉을 점친 뒤 전사함. 비조는 송나라, 위나라, 진나라, 정나라에서 같은 날에 화재가 일어날 것이라고 예언.

기원전 502년 진나라와 위나라의 회맹. 위 영공이 진나라 대부에게 소 귀를 잡게 하고 자기가 먼저 삽혈을 하여 충돌이 발생.

기원전 480년 자로가 전사함.

기원전 453년 예양이 조 양자를 암살하려다 실패하고 자살.

기원전 397년 섭정이 한나라 재상을 암살하고 자살.

기원전 227년 형가가 진왕의 암살을 시도.

해

춘추 시대 국가들의 세력 분포

이중톈 중국사
\04\

청춘지

초판 인쇄	2015년 1월 16일
초판 발행	2015년 1월 23일

지은이	이중톈
옮긴이	김택규
펴낸이	강성민
기획	김택규
편집	이은혜 박민수 이두루
편집보조	유지영 곽우정
마케팅	이연실 정현민 지문희 김주원
온라인 마케팅	김희숙 김상만 한수진 이천희
독자모니터링	황치영

펴낸곳	(주)글항아리	출판등록 2009년 1월 19일 제406-2009-000002호
주소	413-120 경기도 파주시 회동길 210
전자우편	bookpot@hanmail.net
전화번호	031-955-8891(마케팅) 031-955-1903(편집부)
팩스	031-955-2557

ISBN	978-89-6735-168-7 03900

글항아리는 (주)문학동네의 계열사입니다.

이 도서의 국립중앙도서관 출판시도서목록(CIP)은 서지정보유통지원시스템 홈페이지
(http://seoji.nl.go.kr)와 국가자료공동목록시스템(http://www.nl.go.kr/kolisnet)에서
이용하실 수 있습니다. (CIP제어번호 : CIP2014034759)